대화의 법칙

상대가 원하는 말을 하고 내가 원하는 말을 들어라!

일, 관계, 인생에 자신감이 생기는 말하기 기술 40가지

대화의 법칙

신경원 지음

유노북스

· 프롤로그 ·

대화의 법칙만 알면
인생이 달라진다

우리는 인생의 수많은 갈림길에서 결정적인 대화를 마주한다. 그 순간의 대화가 커리어, 관계, 인생의 방향을 얼마나 바꿔 놓을지는 아무도 모른다.

1981년의 한 심리학 실험에 의해 밝혀진 '프레이밍 효과'는 같은 내용이라도 말의 프레임에 따라 결과가 달라진다는 심리학 현상이다. 이 프레이밍 효과는 우리의 일상에도 그대로 적용할 수 있다.

예를 들어, 회의에서 "이 아이디어의 단점은 무엇입니까?"라고 물으면 사람들은 단점과 위험에만 집중하게 된다. 반면 "이 아이디어를 성공시키려면 어떤 점을 고려해야 할까요?"라고 묻는다면 자연스럽게 해결책과 가능성에 초점을 맞추게 된다.

관계를 지키고
상황을 이끄는 대화의 힘

직장인, 전문가, 사업가, 프리랜서, 주부, 취업준비생, 대학생까지 지난 7년간 정말 많은 사람을 만났다. 그들의 가장 큰 고민은 '말이 어렵다'는 것이었다. 상사 앞에서, 발표 자리에서, 면접장에서 그리고 가까운 사람들과의 대화에서 우리는 자주 말을 삼키거나 돌아서서 후회한다.

이유는 단순하다. 어떻게 말해야 할지 모르기 때문이다. 그러다 누군가의 가벼운 한마디에 마음이 다치고, 인생의 방향까지 흔들리기도 한다. 우리는 말로 관계를 만들고, 인생을 결정짓는다. 그런데 이 중요한 도구를 '감'에 맡긴 채 살아가다 결국 기회를 놓치고 관계를 잃는다.

세상에는 두 종류의 사람이 있다. 대화에 끌려가는 사람과 대화를 주도하는 사람이다. 타인의 말 한마디에 감정이 널뛰거나 남 눈치보느라 정작 자기 얘기는 꺼내지 못하는 사람이 있는 반면, 어떤 사람은 한마디로 분위기를 바꾸고 관계를 움직이며 기회를 손에 쥔다.

이들의 차이는 타고난 재능이 아니다. '대화의 법칙'을 정확히 알고 실행할 수 있다면 누구든 대화를 주도할 수 있다. 이 책의 핵심 이론인 '자기 주도 대화'는 어떤 상황에서 누구를 만나든 대화의 흐름을 이끌어가는 기술이다. 타인의 말과 감정에 휘둘리지 않고 관계를 지키며 상황을 주도하는 힘을 의미한다.

어릴 적부터 낯선 사람 앞에만 서면 목소리가 작아졌다. 부모님이나 가까운 이에게도 내 생각을 솔직하게 꺼내지 못하고 망설일 때가 많았다. 직장인이 돼서도 상황은 달라지지 않았다. 겉으로는 자신 있고 당당하게 커리어를 쌓아가는 것처럼 보였어도 사실 '말' 때문에 매일 힘든 하루를 보냈다. 팀원들과의 회의, 상사에게 하는 보고, 모두의 시선이 쏠린 발표, 타 부서와의 협업, 거래처와의 미팅, 그때마다 적절한 말을 찾지 못해 늘 아쉬움이 남았다. 그렇게 '말'은 내게 큰 약점이었다.

그런 내가 지금은 수많은 사람에게 대화법을 가르치고 있다. 말에 서툴렀던 시절이 있었기에 누군가의 말문을 열어 주는 일이 내겐 간절했다. 말 덕분에 변화된 사람이기에 그 방법을 전하고 싶은 마음이 더욱 크다.

말 한마디에 상처받던 사람에서
말 한마디로 기회를 잡는 사람으로

강의 현장에서 만난 사람들은 다양한 모습으로 과거의 나와 닮아 있었다. 상사의 말 한마디에 10년째 자신감을 깎아먹고 있는 사람, 실력은 충분하지만 표현이 서툴러 늘 기회를 놓치는 사람, 누군가의 가벼운 말에 상처받고 몇 년째 새로운 만남을 피하는 사람까지. 그리고 말을 잘하고 있음에도 결정적인 순간 '한 끗 차이'로 흐름을 놓치는 사람도 많았다.

이 책은 그 모두를 위한 것이다. 말에 상처받지 않고 말로 기회를 만들고 싶은 사람, 지금보다 더 유연하고 당당하게 말하고 싶은 사람을 위한 대화의 기술서다. 총 40개의 핵심 이론과 바로 적용 가능한 실전 예시와 연습법이 담겨 있다.
해야 할 말을 자신 있게 꺼내는 연습, 갈등을 키우지 않고 내 입장을 지키는 법, 중요한 순간에 흐름을 주도하는 대화의 공식, '배려'와 '주도권' 사이의 균형을 지키는 태도에 대한 내용을 아낌없이 담았다.

이 책은 단순히 '말을 잘하는 사람'이 아니라 '나답게 말하며 상황을 이끄는 사람'이 되기 위한 실전 가이드다. 이 책을 통해 대화의 법칙을 익히면 이런 사람이 될 수 있다.

- 회의에서 "저는 다르게 생각합니다"라고 말하는 사람.
- 처음 만난 사람과도 자연스럽게 대화를 이어 가는 사람.
- 갈등 상황에도 감정을 다스리며 다시 대화하는 사람.
- 면접에서 호감을 주고 좋은 제안을 받는 사람.
- 소개팅에서 다음 만남으로 자연스럽게 이어 가는 사람.
- 동료가 먼저 다가와 고민을 나누는 사람.
- 갈등 상황에서 유연하게 대처하는 사람.

대화의 법칙을 아는 인생과 모르는 인생의 차이는 상상 그 이상이다. 자, 잠깐 눈을 감고 수백 명 앞에서 당당히 말하고, 회의실에서 공기 흐름까지 리드하며, 꿈만 같았던 자리에 자연스럽게 올라가는 자신의 모습을 그려 보자. 그림이 꽤 괜찮지 않은가? 이제 그 상상을 현실로 만들 차례다. 나는 수많은 흑역사를 거친 후에야 말을 잘하는 사람이 됐지만, 이 책을 읽는 독자들은 조금 더 편안하게 그 길을 걸어가길 바란다. 단 한 번뿐인 인생이다. 대화의 법칙을 알게 되는 순간 인생이 달라진다.

  마지막으로 내 삶을 선물해 주신 아버지 신소석 님과 어머니 고(故) 정학수 님, 책을 쓰는 동안 '나만의 골방 시간'을 기꺼이 허락해 준 남편 지홍, 아들 시윤, 딸 지안, 늘 따뜻하게 지지해 주는 시부모님, 형제자매, 친구들에게 깊이 감사드린다. 평생 가슴에 새길 5학년 6반 담임 황재향 선생님께도 따스한 그리움을 전한다. 그리고 이 모든 여정을 이끌어 주신 하나님께 온 마음을 다해 감사드린다.

신경원

○ 차례

프롤로그   대화의 법칙만 알면 인생이 달라진다   004

1장
말할수록 자신감을 끌어올리는 단단한 대화법
자기 주도 법칙부터 일보 후퇴의 법칙까지

01. 해야 할 말이 있다면 주저하지 말고 전할 것 자기 주도 법칙   017
02. 당당한 자세로 서서 단단한 말투로 말하라 언행일치 법칙   024
03. 하루를 여는 인사에 미소와 관심을 더하라 첫인사의 법칙   029
04. 남과의 비교는 줄이고 나만의 개성을 살려라 강점 법칙   035
05. 말실수는 센스 있게, 유쾌하게 넘긴다 리셋의 법칙   040
06. 어른스러운 사람은 불평도 품격 있게 한다 고급 불평의 법칙   048
07. 단 3초만 참으면 나의 평판이 바뀐다 3초 침묵의 법칙   054
08. 부탁할 때는 명확하게, 거절할 때는 솔직하게 거절의 법칙   060
09. 싸우고 싶지 않다면 일단 한 발짝 물러나라 일보 후퇴의 법칙   065

2장

관계의 거리를 좁히는 따뜻한 대화법
위로의 법칙부터 존중의 법칙까지

10. 36.5도, 가장 따뜻한 위로의 온도　위로의 법칙　　　　　　　　075
11. 가까워지고 싶다면 밥 한 끼부터 함께하라　식탁 대화의 법칙　　082
12. 말없이도 여운을 남기는 점 3개, 말 줄임표　여백의 법칙　　　　089
13. 상대에게 필요한 따뜻한 한마디를 선물하라　공감의 법칙　　　　096
14. 적을 내 편으로 만들려면 꺾지 말고 무력화시켜라　협력자의 법칙　102
15. 애매한 애칭보다 공손한 호칭이 낫다　호칭의 법칙　　　　　　　108
16. 오해와 단절을 없애는 진심이 담긴 한마디　비폭력 대화의 법칙　113

3장

언제나 호감을 주는 다정한 대화법
R.E.A.D 법칙부터 표현의 법칙까지

17. 모든 대화는 맥락에 달려 있다 R.E.A.D 법칙   123
18. 너 한 번, 나 한 번 공을 주고받듯 대화하라 캐치볼 법칙   129
19. 상대가 신이 나서 말하도록 물음표를 던져라 확장 질문 법칙   134
20. 책임을 묻는 질문에서 부담을 더는 질문으로 책임 수용 법칙   140
21. 듣기와 말하기에도 황금 비율이 있다 경청의 법칙   147
22. 호감을 주고 싶다면 리액션 부자가 돼라 호응의 법칙   153
23. 대화 끝에 남는 것은 내용이 아니라 표정이다 표정의 법칙   159
24. "괜찮아" 대신에 "사실은"이라고 말하라 표현의 법칙   165

4장

나의 가치를 올리는 당당한 대화법
강강약개 법칙부터 비즈니스 대화의 법칙까지

25. 나는 어떤 말에 빛이 나고 어떤 말에 발목을 잡힐까? 강강약개 법칙   175
26. 배울 점이 없는 대화라면 단호하게 끊어 내라 성장 대화의 법칙   183
27. 나를 낮추는 말 대신 나를 빛내는 말만 하라 소문의 법칙   189
28. 실패를 좌절로 끝내는 말, 실패를 기회로 만드는 말 재해석의 법칙   196
29. 모든 문제는 '왜'라는 질문 하나로 풀린다 되묻기의 법칙   202
30. '부족하지만'이라는 말로 자신을 깎아내리지 마라 겸손의 법칙   210
31. '을'이어도 선을 지키며 할 말은 하는 방법 비즈니스 대화의 법칙   216

5장

일 잘하는 사람의 현명한 대화법
긍정의 법칙부터 유연함의 법칙까지

32. 성공으로 가는 지름길, 긍정적인 말 습관 긍정의 법칙   225
33. 기회는 완벽한 사람이 아닌 말하는 사람에게 온다 진정성의 법칙   232
34. 잘 답하는 사람보다 잘 묻는 사람이 이기는 시대 유도 질문의 법칙   237
35. 일 잘하는 사람의 보고는 30초면 끝난다 효율적인 보고의 법칙   244
36. 발표 시간만큼은 무대 위의 배우가 돼라 발표의 법칙   251
37. 말재주가 아니라 나만의 이야기로 승부하라 스토리텔링 법칙   259
38. 누군가 반대를 말하면 기쁜 마음으로 상대하라 반론의 법칙   265
39. 고집은 일방통행이고 설득은 양방 통행이다 우리의 법칙   271
40. 내가 틀릴 수 있다는 생각이 더 나은 대화를 만든다 유연함의 법칙   277

말할수록
자신감을 끌어올리는
단단한 대화법

자기 주도 법칙부터 일보 후퇴의 법칙까지

01

해야 할 말이 있다면
주저하지 말고 전할 것

자기 주도 법칙

    세계적인 가수 블랙핑크 로제는 어릴 때부터 노래를 좋아했지만, 자신이 가수를 꿈꾸는지조차 몰랐다고 한다. 호주에서 자란 그녀에게 한국 가수가 된다는 것은 현실과는 먼 막연한 이야기였다. 그러다 15살 어느 날, 호주에서 글로벌 오디션이 열린다는 소식을 들은 아버지가 말했다.

"네가 25살이 됐을 때 오디션을 안 본 걸 후회할지도 몰라."

    그 한마디가 로제를 움직였다. 망설이던 그녀는 용기를 냈고, 그때 단 한 번의 도전이 그녀의 인생을 바꿔 놓았다. 만약

아버지의 조언이 없었다면 지금 전 세계의 무대를 빛내는 로제는 없었을지도 모른다.

로제의 이야기가 특별한 경우라고 생각하는가? 우리도 크게 다르지 않다.

타인의 말이
항상 정답은 아니다

"오늘 점심 뭐 먹을까요? 한식 어때요?"

짜장면을 먹고 싶지만 동료의 제안에 굳이 반대하기도 애매해 "그래, 한식 좋지"라고 답한다. 결국 원하는 식사를 하지 못해 하루 종일 머릿속에 짜장면만 맴돈다.

"우리 결혼할래?"

남자 친구가 프러포즈하며 말했다. 결혼에 확신이 서지 않았지만, 그의 기분을 상하게 하고 싶지 않아 고개를 끄덕였다.

몇 주 후 결혼 준비가 본격적으로 시작됐다. 머릿속에는 '난 아직 준비되지 않았는데'라는 생각이 맴돈다.

우리는 순간순간 말을 하면서도 그 중요성을 미처 헤아리지 못한다. 누군가의 말 한마디가 삶의 방향을 바꾸기도 하고, 때로는 깊은 후회를 남기기도 하는데 말이다.

심리학자 솔로몬 애쉬의 '동조 실험'은 개인이 집단의 말에 얼마나 쉽게 동조하는지를 보여 주는 대표적인 연구다. 이 실험의 참가자들은 명백히 틀린 답변임에도 주변 사람들의 의견에 동조해 오답을 선택했다.

사회 심리학자 세르게이 모스코비치의 '소수자 영향력 이론'도 일관되고 확신에 찬 소수의 의견이 다수의 견해를 바꿀 수 있음을 증명한다.

이처럼 우리는 다수의 의견을 따르며 안정을 추구하고, 때로는 소수의 강한 주장에 영향을 받아 새로운 길을 선택하기도 한다. 베스트셀러를 따라 책을 읽고, SNS에서 화제인 장소를 찾아가고, 누군가의 조언으로 진로를 결정하는 일 모두가 주변의 말에 반응하며 살아가는 일상이다.

나는 28살이 되던 해에 회사를 그만두고 뉴질랜드로 영어 어학연수를 떠났다. 그 결정을 내렸을 때 주변에서는 걱정이 쏟아졌다.

"6년 차 경력에 공백이 생기면 다시 취업하기 어려울 거야."

그 말은 절반쯤 맞았다. 2년 뒤에 돌아와 구직할 때 쉽지는 않았으니까. 그럼에도 나는 지금도 그때의 선택이 옳았다고 믿는다. 타인의 의견이 항상 정답은 아니다. 때로는 잘못된 정보나 편견이 우리의 삶을 흔든다. 그 영향력은 어린아이에게도, 어른에게도 예외 없이 작용한다.

내가 아는 한 초등학생은 "우리나라에 전쟁이 나면 4학년부터 전쟁에 나가야 한다"라는 뜬소문을 믿고 두려움에 떨었다. 근거 없는 말 하나가 누군가의 삶을 두려움으로 채운다.

이런 일은 어른들에게도 흔하다. "남자 다 거기서 거기야"라는 가족의 말에 결혼했다가 후회하는 사람, "그런 사람과 어떻게 살아? 당장 이혼해야지"라는 친구들의 말에 이혼했다가 후회하는 사람, "안정적인 직장이 최고야"라는 부모의 말에 자신이 진심으로 원했던 길을 포기한 사람까지. 때로는 타인의 한 마디가 인생의 방향을 바꿔 놓기도 한다.

내가 하는 말이
나의 운명을 결정한다

　인생의 더 큰 문제는 타인의 말에 휘둘릴 때보다 내가 해야 할 말을 하지 못했을 때 찾아온다.
　음식을 주문할 때 "덜 맵게 해 주세요"라고 말하지 않으면 입맛에 맞지 않는 음식을 먹게 된다.
　회의 중에 "이 의견에는 동의하지 않습니다"라고 말하지 않으면 불합리한 결정을 따라야 할 수 있다.
　연애할 때 "혼자만의 시간이 필요해"라고 말하지 않으면 사소한 오해가 큰 다툼으로 번진다.
　진로를 결정할 때 주변의 "리스크가 커"라는 말에 주눅 들어 "그래도 해 보고 싶어"라고 말하지 못하면 내 인생의 기회를 놓치게 된다.

　다수의 의견이나 강한 소수의 목소리는 때로 좋은 길잡이가 될 수 있다. 하지만 그것을 무비판적으로 따른다면 우리는 타인의 기대에 갇히게 된다. 중요한 것은 타인의 의견을 참고하되 나만의 가치관과 기준을 갖고 스스로 선택하는 것이다. 그리고 그 선택을 분명한 말로 표현할 수 있어야 한다. 그렇지 않으면 우리는 자신의 삶을 살아가는 것이 아니라 남이 정해 놓은 길을 따라가게 될 뿐이다.

다음의 말하기 방법을 따라하다 보면 누구라도 운명을 바꿀 수 있다.

• 말하기 전에 스스로에게 물어 본다.
"지금, 누가 나에게 말하고 있는가?"
"그가 원하는 것은 무엇인가?"
"그리고 나는 진짜 무엇을 원하는가?"

이 3가지 질문에 명확하게 답할 수 있을 때 비로소 내 안에서 시작된 말을 할 수 있다.

• 선택지를 만든다.
"예"와 "아니오" 사이에는 수많은 대답이 존재한다.

"생각할 시간이 더 필요해."
"내 상황을 먼저 정리하고 답할게."
"다른 방식으로 접근해 보면 어때?"

이처럼 제3의 답을 찾아 말하는 순간 우리는 더 이상 끌려다니기만 하는 사람이 아니다. 내 뜻을 기준으로 말하는 사람 그리고 스스로 삶의 방향을 정하는 사람이 된다.

• **자신의 말에 책임질 준비를 해야 한다.**
남이 써 준 각본이 아니라 내 의지로 쓴 문장을 세상에 말할 때 그 말을 책임질 용기가 생긴다. 운명은 말에서 시작되고, 그 운명은 오직 내가 만들어야 한다.

체크 포인트
내가 하는 말이 곧 나의 운명이 된다. 해야 할 말이 있다면 주저하지 말고 말하라.

02

당당한 자세로 서서
단단한 말투로 말하라

언행일치 법칙

"나는 원래 말을 잘 못 해요."
"나이 들수록 말을 더 못하겠네요."

사람들은 이런 말을 당연한 듯 내뱉는다. 그런데 이 말 속에는 자기도 모르게 낮아진 자존감이 숨어 있다. 이런 말을 반복하다 보면 마음속에 '나는 말을 못 하는 사람'이라는 정체성이 자리 잡는다.

나 역시 그랬다. 대학 시절, 아버지의 사업 실패로 아르바이트를 해야 했지만 손님에게 다가가 주문조차 받지 못했다.

'내 목소리가 이상하게 들리면 어떡하지?'
'돈이 없어서 아르바이트하는 걸 누가 알게 되면 어쩌지?'

이런 생각들이 나를 얼어붙게 했다. 아르바이트를 그만두고 돌아오는 길에 나는 한없이 초라하고 자신감 없는 사람이 돼 있었다. 그렇게 만든 정체성은 나의 20대, 30대를 야금야금 삼켰다.

말을 잘하는 사람은 말투부터 다르다

우리를 '말못러'로 만드는 두려움에는 심리학 현상이 숨어 있다. 바로 미국의 사회 심리학자 레온 페스팅거의 '인지 부조화 이론'이다. 이는 자신의 신념과 행동이 일치하지 않을 때 느끼는 심리적 불편감을 말한다.

예를 들어, 속으로는 '나도 말 잘하고 싶다', '사람들과 잘 소통하고 싶다'는 욕구가 있으면서도 입 밖으로는 "나는 원래 말을 잘 못 해요"라고 말한다. 그 순간 내면에서는 불편함이 생긴다. 이 불편함을 줄이기 위해 사람은 2가지 선택을 한다. 하나는 말 못 하는 사람이라는 정체성에 스스로를 맞추는 것이고, 다른 하나는 그 욕구와 행동의 간극을 줄이기 위해 노력하는 것이다.

말은 단순한 의사 전달이 아니다. 내가 나에게 하는 암시고, 세상이 나를 바라보게 만드는 창이다. 그리고 그 말의 시작은 '말투'다. 말투란 말의 표정이다. 말의 내용이 '무엇을 말하느냐'라면 말투는 '어떻게 말하느냐'를 뜻한다.

실제로도 우리는 말의 내용보다 말투에 더 민감하게 반응한다. 같은 "고마워요"를 말하더라도 따뜻하게 말하면 감동이고, 툭 던지듯이 말하면 형식적인 인사처럼 들린다. "괜찮아"라는 한마디도 따뜻하게 말하면 위로가 되지만 무심하게 말하면 거절처럼 느껴진다. 말투는 표정, 억양, 말의 속도, 높낮이, 말끝의 처리 등 말에 실리는 감정과 태도를 포함한다.

심리학자 앨버트 매러비언의 연구에 따르면 사람이 메시지를 받아들일 때 영향을 미치는 요소 중 말의 내용이 7%, 말투와 억양 등의 청각 정보가 38%, 표정과 몸짓 같은 시각적 요소가 55%라고 한다. 무슨 말을 하느냐보다 어떻게 말하느냐가 훨씬 더 강하게 전달된다는 뜻이다. 아무리 좋은 말도 말투에 진심이나 확신이 부족하면 상대는 그 말을 신뢰하지 못한다.

어깨를 활짝 펴고
확신을 담아 말할 것

말투는 단순한 언어 습관이 아니라 그 사람의 자존감과 태도, 문제 해결 방식까지 드러나는 정서적 에너지의 총체다.

대중에게 자존감을 처음 전한 심리학자 너새니얼 브랜든은 자존감이 높은 사람일수록 적절하게 소통할 줄 안다고 말했다. 자존감이 낮은 사람은 힘없게 말한다. 자신도 자기 말을 믿지 않는 듯한 인상을 준다.

"그냥요."
"대충요."

반면 단단한 말투는 듣는 사람도 귀를 기울이게 만든다.

"이런 방향으로 생각해 봤습니다."

리더십도 마찬가지다. 주저하는 말투보다는 기대와 책임감을 담은, 확신 있는 말투가 안정감과 존재감을 전달한다. 같은 상황에서도 "이건 좀 어렵겠는데요"라는 말보다 "이렇게 접근해 보면 어떨까요?" 같은 열린 말투가 함께 풀어 나갈 수 있는 가능성을 열어 준다.

말의 내용이 같아도, 말투에 따라서 상대방이 받아들이는 감정과 의미는 완전히 달라진다. 내 말투에는 내가 어떤 사람인지, 어떤 삶을 원하는지가 녹아 있다. 조금씩 단단하고 자신감 있게 말투를 바꾸다 보면 어느 순간 어깨가 펴지고, 목소리가 또렷해진다.

인지 부조화 이론을 적극적으로 활용하자. "나는 말을 잘하는 사람이다"라고 자신에게 선언하면 나는 그 말과 행동을 일치시키기 위해 실제로 그에 맞는 변화를 만들어 낸다. 생각이 아니라 말투가 나를 바꾼다.

말투 하나가 만든 작은 자신감이 인생 전체를 천천히 그러나 확실하게 바꾼다. 확신은 머리가 아니라 매일 입 밖으로 나오는 말에서부터 시작된다.

💬 체크 포인트

"잘 모르겠어요", "아무거나 다 괜찮아요" 대신 내가 원하는 것을 당당하게 말해 보자. 자신감 있는 말투가 당당한 자세를 만들고 인생의 변화를 만든다.

03

하루를 여는 인사에
미소와 관심을 더하라

첫인사의 법칙

중요한 발표나 면접, 행사 진행을 앞둔 이들이 내게 가장 먼저 묻는 것은 목소리나 발음보다 '긴장을 어떻게 푸느냐'는 질문이다. 그럴 때마다 내가 전하는 가장 간단한 방법은 바로 이것이다.

"크고 또렷하게 인사하세요."

인사는 예의의 표현을 넘어 관계를 여는 문장이고, 자신감을 보여 주는 첫 행동이다.

나는 어릴 적부터 인사를 부끄러워했다. 성인이 돼서도 그 중요성을 깨닫는 데 오래 걸렸다. 그래서 내 아이들에게는 입학 6개월 전부터 인사가 습관이 되도록 미리 연습시켰다. 어릴 땐 인사를 잘하면 친구를 사귀고, 어른에게 신뢰를 얻는다. 성인이 되면 인사는 첫인상과 평판, 나아가 기회를 결정짓는 힘이 된다. 결국 인사는 누구나 가질 수 있는 가장 쉬운 매력이자 신뢰를 얻는 기술이다.

1초 만에 호감을 주는
인사의 기술

인사가 어려운 이유는 그 방법을 몰라서, 잘못 배워서다.

"오늘 좀 피곤해 보이네요."
"머리 스타일 바꿨네요. 근데 전이 더 나은데요?"

대표적인 예가 이렇게 의도와 다르게 들리는 인사말이다. 호의로 시작한 인사가 의심과 방어를 부르기도 한다.

"아… 안녕하세요…?"
"어… 왔어?"

이런 무성의한 인사도 흔하다. 무심하게 흐리는 말투와 무심코 피하는 시선은 '나는 관심 없어'라는 인상을 준다.

"또 만났네, 질린다 질려~"
"맨날 바빠서 얼굴 보기 힘드네요."

물론 너무 과하게 친한 척하는 인사도 조심해야 한다. 상대가 '왜 저러지?'라고 느낄 수 있다.

인사는 '반가움'을 전하는 것이다. 표정과 목소리는 밝되 가볍지 않게, 불편하지 않게 그 적절한 선을 지켜야 한다.

상대방에게 좋은 인상을 남기고 싶다면 다음의 4가지를 지키며 인사를 건네 보자.

• **판단하지 말고 만남 자체에 집중한다.**

인사할 때는 상대의 외모나 상황을 판단하지 않고, 만남 자체에 집중하는 것이 중요하다. "피곤해 보여요" 대신 "만나서 반갑습니다"처럼 상대방을 해석하기보다 진심이 담긴 말을 선택하자. 인사 형식보다 먼저 다가가는 열린 태도가 중요하다.

- 반가움을 전한다.

오랜만에 만난 사람에게는 "정말 오랜만이에요, 반가워요"라는 말로 반가움을 전하자.

- 신뢰감을 주는 표현을 활용한다.

조금 더 정중하게 인사하고 싶을 때는 또렷한 말투, 깊은 눈맞춤이나 악수와 같은 신뢰감 주는 표현을 활용하자.

- 진심을 담은 말로 다가간다.

인사가 중요하다고 해서 '인사말' 자체에 너무 많은 무게를 담으면 오히려 어색하고 불편해질 수 있다. 진심만 담으면 말 한마디로도 충분하다.

평가나 과장은 빼고 반가움만 남길 것

인사는 단 1초 만에 나를 드러낼 수 있는 기회다. 매일 수십 번 반복되지만, 제대로 활용하는 사람은 드물다. 우리는 아침마다 가족에게, 엘리베이터에서 이웃에게, 직장에서 동료에게 인사를 건넨다.

그때마다 어떻게 해야 할지 망설이지 말고, 밝은 표정으로 기분 좋게 먼저 인사를 건네자. 거기에 긍정적인 말을 더하자. 대화를 나누고 싶다면 안부를 물으면 된다.

"안녕하세요! 잘 지내셨어요?"
"헤어스타일이 바뀌었네요. 새로운 느낌인데요."
"오랜만이에요. 얼굴 보니까 반가워요!"

인사는 하루를 여는 첫 마음이고, 관계를 시작하는 첫 문장이다. 가족 사이에도 낯선 사람 사이에도 예외는 없다. 출근길, 등굣길, 잠들기 전 마지막 인사가 때로는 그 사람과 나누는 마지막 기억이 되기도 한다. 그래서 인사는 늘 따뜻하게, 환하게 마음을 담아야 한다.

마더 테레사 수녀는 말했다.

"부드럽게 말하세요. 당신의 얼굴, 눈, 미소, 인사의 따뜻함에 친절함을 두세요. 항상 밝은 미소를 지으세요. 보살핌만 주는 것이 아니라 마음도 주세요."

 가장 가까운 사람에게도, 처음 만나는 사람에게도 망설이지 말고 친절한 인사를 건네자. 가장 쉽고도 강력한 변화는 인사에서 시작한다.

💬 체크 포인트
단 1초의 평범한 인사 한마디가 하루의 공기를 바꾸고, 사람과 사람 사이에 다리를 놓는다.

04

남과의 비교는 줄이고
나만의 개성을 살려라

강점 법칙

"사람들이 제 말투가 이상하대요."
"배우자가 제 말투 때문에 영업을 못 하는 거라고 하네요."
"상사가 제 발음이 좋지 않아서 말을 못 알아듣겠대요."

이런 고민을 안고 나를 찾아오는 사람들 중 실제로 말투나 목소리, 발음에 문제가 있는 경우는 극소수다. 문제는 말이 아니라 그 말을 들은 '마음'이다. 주변의 한마디에 자신감을 잃고, 점점 말이 줄고 결국 사람 만나는 일까지 피하게 된다. 그러다 보면 말이 서툴러지는 악순환이 반복된다.

남들의 지적은 흘려 보내고
나만의 강점을 살릴 것

누군가 툭 던진 한마디가 하루를 망칠 때가 있다. 특히 말투나 목소리처럼 '나를 표현하는 방식'에 대해 지적을 받으면 마음이 더 크게 흔들린다. 잊으려 해도 자꾸 떠오르고 괜히 자신감이 낮아지기도 한다. 하지만 정말 그 말에 휘둘릴 필요가 있을까?

그런 말에 쉽게 흔들리는 것은 마음이 약해서가 아니다. 말이 곧 '나 자신'이라고 느끼기 때문이다. 누군가 말투를 지적하면 나라는 존재 자체를 부정당한 느낌이 든다. 그리고 자신도 모르게 그 말에 맞춘 편향된 기준을 세우기 시작한다.

"말은 조리 있게 해야 해."
"목소리는 맑고 또렷해야지."
"말투는 세련돼야 해."

이 기준에 자신을 맞추려 하기 때문에 누군가의 지적을 들으면 그 순간 '나는 부족하다'는 자기 판단으로 이어진다. 특히 요즘처럼 말을 잘하는 사람이 많은 시대에는 비교가 더 빠르고 잔인하게 작동한다.

미국의 심리학자 레온 페스팅거가 제안한 '사회적 비교 이론'에 따르면 인간은 타인과 자신을 끊임없이 비교하며 스스로를 평가한다. 이 이론은 타인과의 비교가 자아 인식과 자신감 형성에 큰 영향을 미친다는 것을 다양한 연구로 증명한다.

지금 우리는 하루에도 수십 번씩 유튜브나 SNS에서 아나운서처럼 말을 잘하는 사람들을 본다. 그들을 보면 내 목소리가 초라해 보일 수 있다. 하지만 우리는 아나운서가 되려는 게 아니다. 핵심은 전달이 되는가 그리고 진심이 전해지는가다.

중요한 것은 타인의 말보다 나에 대한 믿음이다. 한두 사람의 말이 나를 정의할 수는 없다. 타인의 시선에 압도되기보다 내가 가진 고유한 목소리와 말투를 나만의 강점으로 받아들이는 자신 있는 태도가 필요하다.

타인의 지적에도
흔들리지 않는 3가지 방법

목소리나 말투를 지적하는 타인의 말에 압도당하지 않기 위해서는 어떻게 해야 할까?

- 모든 말에 신경 쓸 필요 없다.

내 말투나 목소리를 지적한 사람이 전문가인지, 그 의견에 객관적인 근거가 있는지 생각해 보자. 대부분 그냥 스쳐 지나가는 의견일 뿐이다. 그걸 전부 마음에 담아 둘 필요는 없다.

- 특성을 강점으로 받아들여라.

"너 목소리 되게 특이하다?"
→ "맞아. 그래서 한번 들으면 안 잊히지."

남의 시선을 그대로 받아들이기보다 나만의 언어로 재해석하는 감각이 필요하다. 나를 긍정적으로 바라보는 연습이 결국 자신감을 만든다.

- 나만의 말하기 스타일을 가꿔라.

누군가의 기준에 맞추기보다 내가 편안한 방식으로 말하는 것이 훨씬 자연스럽다. 목소리 톤, 말의 속도, 말투는 모두 나만의 '브랜드'다. 누구처럼 말하려 하지 말고, 나답게 말하는 사람이 결국 오래 기억된다.

만약 필요하다면 더 좋은 목소리로 다듬고, 자신감을 키워 갈 수도 있다. 하지만 그보다 더 먼저 필요한 것은 지금의 내 목소리를 사랑하는 일이다. 사람들은 완벽한 목소리에 감동하는 게 아니라 진정성이 담긴 말에 마음을 연다.

PD 나영석, 방송인 유재석을 떠올려 보자. 그들은 발음이 완벽하거나 말투가 세련돼서 사랑받는 게 아니다. 그들의 말에는 개성이 있고, 무엇보다 진정성이 묻어난다. 주변을 봐도 그렇다. 사투리를 써도, 발음이 부정확해도 자기 스타일로 당당하게 말하며 신뢰를 얻는 이들이 많다. 그들의 공통점은 단 하나, 자기 목소리를 믿는 태도다.

말투나 목소리는 나를 드러내는 고유한 언어다. 누군가 던진 말 한마디에 움츠러들 필요 없다. 누구의 기준에도 맞출 필요 없다. 내가 나의 목소리를 어떻게 대하느냐, 그것이 곧 나를 대하는 태도다. 주저하지 말고, 조심스러워하지도 말고, 지금의 나로 자신 있게 말하자. 그것만으로도 충분히 매력 있다.

💬 **체크 포인트**
1. 지나가는 말은 그냥 지나가게 둔다.
2. 타인이 지적한 특징을 나만의 개성으로 만든다.

05

말실수는 센스 있게, 유쾌하게 넘긴다

리셋의 법칙

누구나 한번쯤은 말실수를 해 본 적 있을 것이다. 순간 뺨이 뜨끈해지고, 분위기가 묘하게 어색해진다. 이웃이나 친구의 자녀 이름 정도면 그냥 웃고 넘어갈 수 있지만, 직장에서 상사나 중요한 관계자에게 이런 실수를 한다면 어떨까? 생각만 해도 아찔하다.

하지만 정말 문제는 말실수 자체에 있는 것이 아니다. 더 큰 문제는 혹시나 실수할까 봐 아예 말을 줄이게 만드는 마음속 '두려움'이다.

나는 어떤 말실수를 하는 사람일까?

'말실수하면 어쩌지?'
'틀리면 창피한 거 아냐?'

많은 사람이 이런 생각 때문에 대화에서 한발 물러서고, 말수를 줄인다. 하지만 완벽해 보이는 연예인도, 정치인도, CEO도 실수하기 마련이다. 다만 어떤 사람은 단어를 자주 헷갈리고, 어떤 사람은 긴장하면 말이 빨라지거나 목소리가 떨린다. 실수를 줄이는 방법을 알기 전에 내가 어떤 말실수를 자주 하는 사람인지를 먼저 알아야 한다. 사람들이 자주 하는 말실수 유형 4가지를 알아보자.

- **감정 실수형.**
화가 나면 후회할 말을 하거나 감정적으로 상대를 자극하는 말을 하는 경우다. 말보다 감정이 앞서 실수를 유발한다.

- **대화 독점형**
상대의 말을 자주 끊거나 자신의 이야기를 장황하게 이어가며 대화를 일방적으로 주도하려는 유형이다.

• **정보 실수형**

확인되지 않은 내용을 사실처럼 말하거나 중요한 배경 설명 없이 말을 전달해 오해를 일으키는 경우다.

• **무심코 실수형**

이름을 틀리거나 민감한 주제를 가볍게 꺼내는 등 의도하지 않게 상대를 불편하게 만드는 유형이다.

자신의 말실수 패턴을 인식하는 것만으로도 말실수는 절반 이상 줄어든다. 실수의 원인을 알면 그에 맞는 해결 방법도 분명해진다.

엎지른 말은
얼마든지 주워 담을 수 있다

자신의 말실수 유형을 파악했다면 이제는 말실수를 어떻게 수습하느냐가 중요하다. 실수는 누구에게나 일어날 수 있지만, 대처 방식에 따라 관계의 온도는 완전히 달라진다.

다음의 말실수에 대처하는 4가지 기술을 잘 기억해 두자.

• 말실수는 얼마든지 수정 가능한 것이라고 믿는다.

말실수를 감추려 하면 더 어색해지지만, 자연스럽게 인정하고 바로 정정하면 오히려 신뢰를 높일 수 있다.

"제가 헷갈렸네요. 지윤이는 학교에 잘 적응했나요?"
"제가 날짜를 착각했습니다. 정확한 일정은 15일입니다."

• 유머로 넘긴다.

긴장을 푸는 가장 좋은 방법은 '가벼운 유머'다. 유머는 어색한 분위기를 센스 있게 넘기고, 실수를 기회로 바꾼다.

"어휴, 오늘 제 혀가 말을 안 듣네요."
"입은 아직도 주말을 못 벗어났나 봐요."

• 천천히 말한다.

말이 빠르면 실수도 잦아진다. 속도를 줄이면 생각할 여유가 생기고, 실수도 줄어든다. '느리지만 또렷하게' 말하는 연습은 리셋 기술의 기본이다.

- **같은 실수를 반복하지 않는다.**

같은 실수가 반복되면 리셋 버튼 작동이 되지 않는다. 단순한 실수가 아니라 준비와 집중력 부족처럼 능력의 문제로 비칠 수 있다. 같은 실수를 반복하지 않기 위해 말하기 전에 내용을 정리하거나 자주 틀리는 단어와 표현을 체크해 보자.

말실수를 주워 담는 것는 것도 좋은 대처지만 그 전에 최대한 말실수를 하지 않도록 조심하는 것이 좋다.
다음은 말실수를 줄이는 4가지 방법이다.

- **3초 멈추는 연습을 하자.**

감정이 앞서서 말실수를 자주 한다면 잠시 멈추는 연습이 필요하다. "넌 왜 그래" 대신 "난 그렇게 느꼈어"로 바꿔 말하자. 대화 전에 내 감정 상태를 점검해 보자.

- **60 대 40 법칙을 기억하자.**

대화를 나누기보다 독점하고 싶다는 생각이 들 때 60:40 듣기의 법칙을 기억하자. 상대가 60%를 말하고 내가 40%를 말하는 것이다.

예를 들어, 개방형 질문 던지는 것도 하나의 방법이다.

"그래서 어떻게 됐어요?"

그리고 질문에 상대가 끝까지 말했는지 확인 후 말하자.

• **사실과 생각 구분하자.**
내가 아는 정보가 부정확하다는 생각이 들면 '사실'과 '생각'을 구분하며 말하자. 말을 이렇게 시작하자.

"제 생각에는….."
"제가 들은 바로는….."

확인되지 않은 정보는 말하지 않는 습관을 기르는 것이다.

• **상대방의 감정을 생각해 보자.**
의도치 않게 상대방을 불쾌하게 만드는 말실수를 자주한다면 말하기 전에 '이 말을 듣는 사람은 어떻게 느낄까?' 생각해 보자. 이름, 호칭은 정확히 하고, 극단적 표현보다는 '상황 중심'으로 말해야 한다.

사람들이 말실수를 가장 두려워하는 순간은 단연 면접 상황이다. 내가 수많은 면접을 지켜본 결과, 말을 조금 버벅거렸다고 점수를 낮게 주는 면접관은 없다. 중요한 것은 말실수 자체가 아니라 그 순간 나를 믿는 태도로 분위기를 다시 끌어올리는 힘이다. 말실수를 했다면 가볍게 웃으며 바로잡아야 한다.

"제가 조금 헷갈렸네요. 다시 정확하게 말씀드리겠습니다."
"제가 긴장해서 잘못 이해한 것 같습니다. 한 번 더 질문해 주시겠습니까?"

실수는 가볍게 인정하고, 대화는 끊지 말고 부드럽게 이어가야 한다. 사소한 말실수가 내 가능성을 결정짓지 않는다. 그러니 실수할까 봐 움츠러들기보다 나답게 말하는 용기를 먼저 챙기자.

물론 모든 말실수에 리셋 버튼이 있는 것은 아니다. 벤저민 프랭클린은 말했다.

"발 실수는 회복할 수 있어도 말실수는 회복이 어렵다."

특히 리셋이 불가능한 말들이 있다. 무례한 말, 비하와 뒷담화, 듣는 사람을 찌르는 독한 말은 "실수였어요"라는 한마디로 지워지지 않는다. 그건 말의 실수가 아니라 마음의 민낯이 드러난 순간이다. 수많은 정치인이 말 한마디로 커리어 전체를 잃는 이유도 바로 여기에 있다.

진짜 말실수를 줄이고 싶다면 말하기 전에 생각하는 습관보다 평소의 말버릇과 생각 습관부터 정리하는 게 먼저다. 말은 결국 평소의 내 마음이 튀어나오는 법이니 말이다.

💬 체크 포인트

말은 엎질러도 얼마든지 주워 담을 수 있다. 우선 가볍게 인정하고, 유쾌하게 넘어간 후에 부드럽게 대화를 이어 가자.

06
어른스러운 사람은
불평도 품격 있게 한다
고급 불평의 법칙

자주 가는 미용실에서 사진을 보여 주며 말했다.

"원장님, 이 스타일로 부탁드려요."

짧은 단발에 자연스러운 웨이브가 들어간 우아하고 세련된 느낌이었다. 드라이까지 마친 직후에는 사진과 꽤 비슷했지만, 문제는 이틀 후였다. 거울 속 내 머리는 세련됨과는 거리가 멀었다. 결국 미용실 원장님에게 메시지를 보냈다.

"컬은 참 잘 나왔는데, 삼각김밥이 돼 버렸어요. 어떻게 하죠?"

원장님은 흔쾌히 일정을 다시 잡아 머리를 손봐주셨다. 미용실에서 원하는 스타일이 안 나왔을 때 선택지는 2가지다. 새로운 미용실을 찾아가거나 "다시 해 주세요"라고 말하는 것. 어차피 말해야 한다면 품격 있는 방법을 선택하자.

불만이 아니라 해결을 말하라

많은 사람이 불평은 무조건 나쁜 것이라고 생각한다. 그러나 불평 자체가 문제는 아니다. 문제는 '하느냐'가 아니라 '어떻게 하느냐'다.

예를 들어, 음식점에서 마음에 들지 않는 상황을 겪었다고 해 보자. 많은 사람이 이렇게 감정적으로만 불평할 것이다.

"음식이 왜 이렇게 짜요. 이런 음식을 먹으라는 거예요?"
"서비스가 왜 이래요? 이렇게 기다리게 하는 게 말이 돼요?"

그러나 감정적으로 말하면 상대는 방어적으로 반응하게 되고, 오히려 갈등이 커질 수 있다. 문제를 해결하려는 태도로 접근하면 대화의 방향이 달라진다.

"이 음식이 제 입맛에는 조금 짜네요. 혹시 간을 조절해 주실 수 있을까요?"
"오래 기다려서 배가 고프네요. 좋은 방법이 있을까요?"

이처럼 문제가 아니라 해결을 말하는 것, 그것이 바로 '고급스러운 불평'이다.

고급스럽게 불평하는 4가지 기술

한때 나도 감정이 앞서는 진상 고객에 가까웠다. 화를 참지 못해 툭툭 던진 말들이 상황을 더 꼬이게 만든 적도 많았다. 하지만 말의 방식을 바꾼 후에는 사람들의 반응도 달라졌다.
지금부터 소개할 고급 불평의 기술을 익혀 두면 '품격 있는 대화의 고수'가 될 것이다. 불만을 전할 때는 '어떻게 말하느냐'가 전부다.

- **해결 방향을 제시한다.**

단순히 문제만 지적하면 상대는 방어적으로 굳어 버린다. 구체적이고 차분하게 해결 가능한 방향을 함께 제시하자.

"이 회의 방식은 너무 비효율적이에요. 시간 낭비잖아요!"
→ "회의를 핵심만 논의하는 방식으로 조정할 수 있을까요?"

- **감정적으로 나서지 않는다.**

감정이 쌓였을수록 목소리는 커지고 말은 날카로워지기 쉽다. 톤과 표현을 조절하면 대화는 훨씬 유연해진다.

"맞벌이하는데 집안일을 나 혼자 다 해. 당신은 손가락 하나 까딱 안 하고 누워만 있네?"
→ "집안일이 좀 벅차게 느껴져. 우리 같이 분담할 방법을 이야기해 보면 어떨까?"

- **협력을 요청한다.**

불평을 말할 때 가장 효과적인 방식은 협력을 요청하는 것이다. 상대를 몰아붙이는 대신 나의 감정을 말하고 원하는 행동을 부드럽게 요청하자.

"왜 너는 맨날 메시지에 답을 안 해? 나한테 관심이 있긴 해?"
→ "내가 보낸 메시지에 너무 늦게 답이 오면 서운해. 바쁠 때는 나중에 얘기하자고 한마디만 해 주면 좋겠어."

• **상대를 배려하며 따뜻하게 말한다.**

불평에도 따뜻함을 담는 기술이 있다. 상대의 수고를 인정하고, 요청을 이어 가는 방식은 언제나 효과적이다.

"도대체 택배가 왜 이렇게 오래 걸리는 거예요?"
→ "배송 물량이 많아 힘드시죠? 좀 빨리 받아야 할 물건이라서 그러는데 배송 상황을 확인해 주실 수 있을까요?"

연세대학교 김주환 교수는 마음 근력이 약한 사람은 작은 일에도 쉽게 좌절하고, 두려워하고, 화를 내거나 짜증을 낸다고 말한다. 짜증을 낼 때 뇌에서는 감정을 관장하는 편도체가 과도하게 활성화되고, 합리적 판단과 통제를 담당하는 전전두피질은 제 역할을 하지 못한다. 결국 감정에 휘둘리고, 상황을 악화시키는 말을 내뱉기 쉽다. 이런 뇌의 반응은 저절로 바뀌지 않는다. 평소 훈련을 통해 뇌를 다루는 법을 익혀야 한다. 불평과 짜증의 원인을 타인에게서만 찾기보다 내 뇌의 반응

패턴에서 먼저 점검해야 한다는 뜻이다.

불평 없이 살아갈 수 있다면 얼마나 좋을까? 현실은 그렇지 않다. 때로는 상황이 억울하고, 어떤 말이라도 하지 않으면 나만 손해 보는 것 같기도 하다. 그렇다면 차라리 불평을 전략적으로 사용하는 법을 익히는 게 더 현명하다.

'이 말을 해서 나는 무엇을 얻고 싶은가?'

답이 명확하지 않다면 잠시 멈추는 것도 방법이다. 불만을 이야기하는 것은 불평이 아니라 더 나은 방향을 위한 대화라는 것을 기억하자. 불평이 아닌 설득력 있는 대화로 바뀌는 순간 우리가 얻을 수 있는 결과는 완전히 달라진다.

💬 체크 포인트
무작정 투정부리지 않고 문제를 해결하려는 태도로 말하는 것이 바로 품격 있는 사람이 불평하는 법이다.

07

단 3초만 참으면
나의 평판이 바뀐다

3초 침묵의 법칙

직장인 A는 팀 회의에서 새로운 아이디어를 제안한다.

"이번 프로젝트에서는 기존 마케팅 방식 대신 SNS 바이럴을 활용하는 게 어떨까요?"

말을 더 이어 가려는 찰나 동료 B가 끼어든다.

"그거 별 효과 없을 걸요? 요즘 SNS 만만치 않잖아요."

이런 상황에서 보통은 바로 반박하고 싶어진다. 하지만 A는 아무 말도 하지 않는다. 단 3초간 조용히 침묵할 뿐이다. 회의실 공기가 바뀐다. B는 자신이 A의 말을 끊은 걸 눈치채 불편해지고, 다른 팀원들의 시선이 A에게로 모인다. A는 조용히 B를 바라보며 말한다.

"왜 그렇게 생각했는지 조금만 더 설명해 줄 수 있을까요?"

B는 깊이 생각하지 않고 즉흥적으로 말을 끊은 것이다. B는 갑자기 싸해진 분위기 때문에 말문이 막힌다.

말보다 큰 울림을 주는
침묵의 힘

세상에는 쓸데없는 말이 넘쳐난다. 방송에서는 같은 뉴스를 반복하고, 스마트폰은 쉴 새 없이 울려 대며, 버스 안에서는 라디오 소리가 끊임없이 흘러나온다. 우리는 말의 홍수 속에 살고 있다.

독일의 커뮤니케이션 전문가 코르넬리아 토프는 오늘날 침묵이 오히려 가장 강력한 논리가 될 수 있다고 말한다. 자신감 있고 믿음직하며 존경받는 사람들은 결코 말을 낭비하지 않고, 말을 아낄 줄 알며 꼭 필요한 순간에만 입을 연다고 강조한다.

이처럼 불필요한 말을 줄이는 침묵은 신뢰와 품격을 높여주는 대화 전략이다. 그렇지만 침묵은 단지 말을 아끼는 것에서 끝나지 않는다. 때로는 짧은 침묵 하나로도 상황의 흐름을 바꾸고, 대화의 판을 뒤집을 수 있다. 3초의 침묵이 말보다 더 강력한 설득이 될 수 있다.

나는 말도 빠르고, 행동도 빠른 편이다. 그래서일까? 내가 하는 말이 자칫 가볍게 들리지 않을까 고민한 적이 많았다. 그런데 '3초 침묵' 전략을 쓰기 시작하면서 그 고민에 대한 답을 찾았다. 강의 중 중요한 메시지를 전달할 때, 아이에게 핵심을 강조할 때, 남편과 대화하며 감정을 가라앉힐 때, 직장에서 상사나 동료들과 의논할 때 단 3초의 침묵이 말보다 더 큰 울림을 줬다. 특히 아이들이 자라면서 잔소리가 늘어나는 게 걱정이었는데 3초 침묵은 좋은 솔루션이 됐다. 서너 번쯤 할 말을 단 한 번의 말과 침묵으로 전할 수 있다. 줄어든 잔소리는 아이와 나의 거리를 더 가깝게 만들었다.

그렇다면 이 '3초 침묵'은 언제, 어떻게 써야 가장 효과적일까?

3초 침묵이 필요한
3가지 순간

- 반박하고 싶을 때 3초 멈춘다.

상대가 무례하게 말하거나 일방적인 태도를 보일 때 본능처럼 반박하지 말고 단 3초만 멈춰 보자. 그 침묵은 '나는 쉽게 흔들리지 않는다'는 메시지가 되고, 상대는 자신이 내뱉은 말의 무게를 뒤늦게 실감한다.

"이 경력으로 이 자리에 지원한 이유가 뭐죠? 솔직히 좀 부족해 보이는데요."

(3초 침묵)

"좋은 질문 감사합니다. 일부 부족한 점이 있다는 것은 저도 알고 있습니다. 제가 지금까지 쌓아 온 경험이 이 역할에서 어떻게 시너지를 낼 수 있을지 말씀드려도 될까요?"

- 주도권을 잡고 싶을 때 3초 멈춘다.

중요한 미팅, 계약, 협상 테이블에서는 먼저 말하는 쪽이 불리할 수 있다. 상대의 제안에 바로 반응하기보다 잠깐의 침묵으로 생각하는 여유를 보여 주자. 그 순간 주도권은 자연스럽게 내 쪽으로 넘어온다.

"이 조건으로 계약하실까요?"
(3초 침묵)
"예산은 좋습니다. 일정은 3개월 또는 4개월로 조정 가능할까요?"

- **감정적으로 대응하고 싶을 때 3초 멈춘다.**

짜증 나고 화가 치밀어 오를 때 말이 먼저 나가 버리면 후회도 따라온다. 그럴수록 3초만 멈추자. 그 짧은 시간의 침묵이 감정을 다스리고 관계를 지켜 주는 힘이 된다.

"너 요즘 왜 그래? 예민하게 군다니까?"
(3초 침묵)
"내가 예민해 보였구나. 어떤 부분에서 그렇게 느꼈어?"

대화에서는 말이 앞서지 않도록 침묵이 먼저 가야 한다.

물론 모든 침묵이 좋은 것은 아니다. 상대를 무시하는 냉소의 침묵, 비웃는 듯한 조롱의 침묵, 책임을 피하는 회피의 침묵은 관계를 단절할 뿐이다. 진짜 필요한 침묵은 나를 통제하고 대화를 살리는 '절제의 침묵'이다.

영향력 있는 사람은 단순히 말을 줄이려고 애쓰는 대신 멈춰야 하는 순간을 아는 사람이다. 카리스마 있는 CEO, 청중을 사로잡는 명강사, 눈빛 하나로도 몰입을 이끄는 배우까지. 그들은 침묵을 전략적으로 활용하는 사람들이다.

3초의 침묵, 그 짧은 정적이 나를 더 신뢰 가는 사람으로, 더 지적이고 품격 있는 사람으로 만들어 준다. 말보다 먼저 침묵을 꺼내 보자. 때로는 그 3초가 가장 설득력 있는 한마디가 될 수 있다.

💬 체크 포인트
상대의 말에 반박하고 싶을 때, 대화의 주도권을 잡고 싶을 때, 감정이 차오를 때 딱 3초만 멈춰 보자.

08

부탁할 때는 명확하게, 거절할 때는 솔직하게

거절의 법칙

A: "내일 회의 자료 좀 대신 정리해 줄 수 있어?"
B: (마음속으로 '나도 바쁜데'라고 생각하며) "어… 알겠어."

C: "이 프로젝트 같이하면 좋을 것 같은데, 참여 가능해?"
D: "지금 바빠서 안 돼."

B는 결국 야근으로 지친 하루를 보내고, C는 D에게 서서히 거리를 두게 된다. 둘 다 일과 관계의 균형을 잃고 있다. 부탁을 다 들어주면 나를 잃고, 거절만 하면 관계를 잃는다.

부탁이나 거절이나 타이밍이 중요하다

사람들은 종종 거절을 못 하는 사람을 '착한 아이 콤플렉스' 때문이라고 말한다. 하지만 그 이면에는 더 깊은 심리적 이유가 숨어 있다. 심리학에서는 거절을 못하는 이유를 '거절에 대한 예민함'으로 설명한다.

정신 분석학자 캐런 호나이는 '거절 민감성'을 불안한 성격의 일부로 봤다. 소소한 거절에도 상처를 받고, 불안하거나 화가 날 수 있다고 설명했다. 예를 들어, 누군가 잠시 기다리게 했을 뿐인데도 '내가 무시당했나?'라고 느끼는 것이다. 이처럼 작은 일도 거절로 받아들이고 민감하게 반응하다 보면 마음속에 이런 생각이 든다.

'내가 누군가를 거절하면 나도 언젠가 거절당하겠지. 그러다 결국 혼자 남을 거야.'

이런 불안은 내가 원하지 않는 부탁도 억지로 받아들이고, 사람들과의 관계에서 점점 지치게 만든다. 반대로 부탁하는 것이 어려운 사람도 있다. '부탁하면 민폐 아닐까', '부담스러운 사람으로 생각하지 않을까' 하며 주저하다가 필요한 도움을 제때 구하지 못한다. 결국 혼자 끙끙대다 일이 엉망이 되거나 괜한 감정이 쌓여 관계까지 틀어진다.

부탁과 거절은 제때, 제대로 표현하지 못하면 오히려 더 큰 문제를 만든다. 마음을 숨기고 눈치만 보다가 무리하게 수용하고, 결국 억울함과 후회가 남는 것이다. 이 악순환을 끊기 위해 필요한 것이 바로 균형 감각이다.

부탁과 거절의
균형을 지키는 3가지 기술

그렇다면 부탁과 거절의 균형을 지키려면 어떻게 해야 할까? 관계를 무겁게 만들지 않으면서도 스스로를 지킬 수 있는 방법은 분명히 있다.

- **부탁할 때는 선택권을 건네라.**

부탁은 명령이 아니다. 상대방의 상황과 감정을 존중해야 진짜 '부탁'이 된다. 부탁이 부담으로 들리지 않게 하려면 결정권이 상대에게 있음을 먼저 표현하자.

"오늘 당신이 시간이 되면 마트 다녀올 수 있을까?"
"내가 만든 발표 자료인데, 편할 때 보고 의견 줄 수 있어?"

• 무조건적인 거절보다는 이유를 함께 솔직하게 전하라.

거절이 미안해서 말을 흐리거나 설명 없이 거절하면 상대의 마음이 상한다.

"오늘은 머리가 너무 복잡해서 혼자만의 시간이 좀 필요해. 이해해 줄 수 있을까?"
"모임의 대표 역할이 중요한 것은 알지만, 연말까지는 제 스케줄상 책임을 다하기 어려울 것 같아요."

여기서 단순히 안 된다고 끝내지 말고, 가능한 방향을 제안하는 것이 센스다. 상대의 부탁 중 일부는 수용하고, 일부는 조율하거나 거절하는 것도 효과적인 전략이다. 이런 태도는 관계를 지키면서도 자신의 한계를 자연스럽게 전달하는 방법이다.

"이 발표를 맡긴 어렵지만, 관련 자료는 드릴 수 있습니다."
"현장 참석은 어렵지만, 온라인으로 참석하겠습니다."

- 부탁과 거절을 '주고받는 흐름'을 만들어라.

관계는 한 방향이 아니라 순환이다. 내가 항상 부탁만 하거나 항상 거절만 한다면 균형이 무너진다. 도움을 주고받는 관계가 자연스럽고 건강하다.

"지난번에 도움 주셔서 정말 감사했습니다. 이번에는 제가 도와드리겠습니다."
"이번 도움은 감사히 받겠습니다. 다음에는 제가 꼭 보답하겠습니다."

직장에서 부탁을 잘하면 협업이 쉬워지고, 일을 효율적으로 할 수 있다. 거절을 잘하면 무리하지 않고도 책임감 있는 사람으로 인정받는다. 부부 사이에는 마음을 나누는 대화가 많아지고, 연인 사이에는 서로에 대한 이해가 깊어진다.

💬 체크 포인트
부탁은 함께할 기회를 만들고, 거절은 나를 지키는 힘이 된다. 이 둘을 균형 있게 다루는 사람이 어떤 곳에서도 상황을 주도할 수 있다.

09
싸우고 싶지 않다면
일단 한 발짝 물러나라

일보 후퇴의 법칙

외국계 기업에서 마케팅을 담당하는 A는 프로젝트 진행 중 상품 개발팀의 협조가 필요했다. 자료 요청을 하러 갔더니 담당자가 퉁명스럽게 말했다.

"그건 그 팀에서 알아서 해야 하는 거 아니에요?"

A는 순간 당황했다. 프로젝트는 함께하는 일인데 돌아온 것은 무책임한 태도였다. 감정을 드러내면 관계가 틀어질 것 같고, 그냥 넘기자니 부담이 모두 자기 몫이 될 것 같았다. 그렇게 애매한 상황이 반복되며 스트레스가 점점 쌓여 갔다. 이런

상황은 직장만의 일이 아니다. 가정이나 친구 모임에서도 흔히 벌어진다.

"그건 제 업무가 아니니까 다른 분께 문의하세요."
"어차피 당신 마음대로 할 거면서 왜 내 의견을 물어봐?"
"지난번에도 제가 했잖아요. 이번에는 다른 분이 하셔야죠."

비협조적인 말, 책임을 떠넘기는 말, 다투자고 덤비는 듯한 말. 우리는 그럴 때마다 고민에 빠진다. 맞받아쳐야 할까? 그냥 참아야 할까?

감정에 휘말리지 말고
먼저 상황을 읽을 것

일상에서 갈등은 피할 수 없다. 회의 중 내 의견이 무시되거나 가족이 내 일정을 묻지도 않고 정해 버릴 때가 있다. 약속을 반복해서 어기는 친구부터 무심한 말로 상처 주는 이웃까지 갈등은 늘 예상치 못한 순간에 찾아온다.

갈등 앞에서의 우리의 반응은 꽤 일관된 패턴을 갖는다. 대부분 2가지 중 하나를 택한다. 즉석에서 맞받아치거나 아무 말 없이 물러난다. 그리고 뒤늦게 혼잣말로 되뇌기도 한다.

"그땐 왜 아무 말도 못 했을까."
"괜히 그렇게 말해서 더 꼬였네."

하지만 이 두 방식 모두 문제를 해결하지 못한다. 감정적으로 반응하면 관계가 멀어지고, 침묵으로 넘기면 책임이 고스란히 내 몫이 된다. 중요한 것은 감정에 휘말리지 않고 상황을 읽는 힘이다.

처음의 상황에서 A는 상품 개발팀 담당자의 퉁명스러운 말에 당황했다. 그 이유는 그 말에 담긴 의도보다 말투에 숨겨진 감정부터 마주했기 때문이다. 그 순간 필요한 것은 '왜 저런 반응이 나왔을까'를 읽는 시선이다. 내 말에 오해는 없었는지, 상대가 과중한 업무로 예민해진 것은 아닌지 먼저 살펴야 한다.

심리학자 라자루스와 폴크만은 효과적인 갈등 관리를 위해 '문제 중심 대처'와 '정서 중심 대처'를 균형 있게 써야 한다고 말한다. 감정을 인정하되 그에 휘둘리지 않고 동시에 해결의 방향을 찾는 것이다.

대부분의 갈등은 이해받지 못한 감정에서 비롯된다. 직장 동료의 날카로운 말, 가족의 무심한 반응, 반복되는 친구의 실수. 이럴 때 "왜 그러냐"라고 따지기보다 "어떻게 풀 수 있을까"라고 스스로에게 질문해 보자. 감정의 파도 위에서 균형을 잡을 때 비로소 갈등의 흐름을 바꿀 수 있다.

상처받지 않고
나를 지키는 대화법 4단계

1. '한 박자 쉬는 연습'을 하라.

갈등 상황에서 나를 지키기 위해서는 감정을 바로 꺼내기보다 상황을 객관적으로 바라보며 논리로 접근하는 것이다.

"왜 이렇게 비협조적이에요? 이거 공동 프로젝트 아니에요?"
→ "이 프로젝트는 두 팀이 함께 진행하는 거라 조율이 필요할 것 같아요. 어떤 방식이 가능할까요?"

2. '왜 필요한지'를 설명하라.

무작정 부탁하는 것보다 부탁하는 이유를 말하는 사람이 설득에 강하다. 하지만 사람들은 그 설명을 생략한다. '말 안 해도 알겠지', '괜히 구차해 보일까 봐' 하는 생각 때문이다. 기억하자. 나에겐 '자명한 일'이, 상대에겐 '전혀 생각지 못한 일'일 수 있다. 자세한 설명은 구차한 게 아니라 오히려 배려이고 신뢰의 표현이다.

"디자인 시안 빨리 주실래요?"
→ "디자인 시안을 먼저 받아야 다음 단계로 넘어갈 수 있어서요. 오늘 중으로 받아 볼 수 있을까요?"

3. '나'를 주어로 두고 대화하라.

비협조적인 상황에서는 자칫 말투가 비난조로 흐르기 쉽다. 이럴 때 '나'를 주어로 한 대화법이 효과적이다. 상대를 지적하기보다 내 입장에서 어떤 도움이 필요한지 전달해야 한다.

"제 말을 왜 자꾸 끊으세요? 저도 말 좀 할게요."
→ "제가 조금 더 설명해드리고 싶습니다."

4. '불쾌함을 느꼈다면 사과를 요구하라.

때로는 상대의 말이 단순한 의견이 아니라 나를 직접적으로 상처 주는 말일 수 있다. 이런 경우에는 그냥 넘기기보다 상대에게 내가 불쾌함을 느꼈다는 점을 조용히 알리고, 사과를 요구하는 용기가 필요하다.

"그 말 너무 무례하네요."
→ "방금 그 말은 제게 조금 불편하게 들렸어요. 그럴 의도가 아니었다면 정정해 주실 수 있을까요?"

내가 사업을 할 때였다. 오랜 시간 공들여 준비한 상품의 디자인을 고객사에 제안했는데, 담당자는 단 한마디로 평가 절하했다.

"이건 아니네요. 어떻게 이 디자인을 씁니까!"

순간 화가 치밀었다. 그동안의 노력이 부정당한 느낌이었다. 나도 감정을 감추지 못하고 날 선 말로 대응했다. 며칠 후, 우리가 애초에 그 담당자가 원하는 기능과 디자인을 제대로 이해하지 못했음을 알게 됐다. 화가 났던 것도, 방어하려 했던 것도 결국 '이기고 싶다', '물러설 수 없다'는 감정에서 비롯된 것이었다. 하지만 그때 필요한 것은 한 걸음 물러서서 상황을 보는 눈이었다.

  나에게 대화법을 배우러 오는 사람 중에는 가까운 사람과의 갈등 때문에 지쳐 있는 이들이 있다. 내가 가장 먼저 권하는 것은 그 상황을 한 발짝 물러나서 보는 것이다.

  나를 지키는 대화란 상대를 존중하면서도 내 입장을 분명히 말할 수 있는 용기에서 시작된다. 물론 감정을 건드리는 말 앞에서 침착함을 유지하는 건 쉽지 않다. 하지만 그 용기가 결국 상처 없이 나를 지키는 가장 현명한 방법이다.

💬 체크 포인트

갈등 상황에서 진짜 강한 사람은 소리를 높이는 사람이 아니라 중심을 지키는 사람이다.

관계의 거리를 좁히는 따뜻한 대화법

위로의 법칙부터 존중의 법칙까지

10

36.5도, 가장 따뜻한 위로의 온도

위로의 법칙

고등학생 시절, 갑작스레 아버지를 잃은 한 여성의 이야기다. 장례식이 끝나기도 전에 주변 어른들이 여성에게 말했다.

"이제 네가 아버지 몫까지 해야지."

그 말은 위로가 아니었다. 그들의 말은 그녀의 마음에 무겁게 박혔고, 그날부터 그녀는 '아버지 몫까지' 살아야 했다. 장녀라는 이유로 혼자 남은 어머니를 지키고, 동생들을 챙기고, 힘들다는 말 한마디 못 꺼낸 채 이를 악물고 버텨야 했다. 위로라고 건네는 말이 사람을 주저앉히기도 한다는 걸 그 이야기는 말해 주고 있었다.

　우리는 종종 이런 실수를 한다. 누군가 힘든 일을 겪었을 때 뭔가라도 말해 줘야 할 것 같은 압박에 조급해진다. 하지만 그렇게 건네는 말이 위로가 되기는커녕 오히려 상대의 마음을 더 멀어지게 만든다.

　친구가 이별했다고 하면 "잘된 일이야. 더 좋은 사람 만날 거야"라고 말한다.

　동료가 승진에서 탈락했을 때는 "힘내. 다음 기회가 있잖아"라고 위로한다.

　누군가 가족을 잃었을 때는 "그래도 고통 없이 가셔서 다행이야"라며 어설픈 낙관을 건넨다.

　시험이나 면접에 떨어진 친구에게는 "운이 없었던 거야. 더 좋은 데 갈 수 있을 거야"라고 말한다.

　이 모든 말은 나쁜 의도에서 나온 것이 아니다. 하지만 중요한 것은 '지금 그 사람에게 정말 필요한 위로인가?'라는 점이다. 어떤 사람은 해결책을 원하고, 어떤 사람은 그저 들어 주길 바란다. 위로는 '어떻게 말하느냐'보다 '어떻게 마음을 헤아리느냐'에서 시작된다.

백 마디 조언보다
한 마디 위로가 힘이 세다

위로는 어떻게 하느냐에 따라 때때로 상처가 되기도 한다. 그래서 위로는 '기술'로서 배워야 한다. 그 기술을 익히기 전에 내가 어떤 방식으로 위로하고 있는지 돌아볼 필요가 있다.

다음은 사람들이 많이 실수하는 2가지 유형의 위로다.

- **문제 해결형 위로.**

많은 사람이 상대의 감정보다 상황 정리나 조언에 초점을 맞추는 '문제 해결형 위로'가 좋은 위로라고 생각한다.

"그렇게 고민하지 말고, 이렇게 해 보는 것은 어때요?"
"내 친구도 비슷한 일을 겪었는데, 그땐 이렇게 했대요."

물론 해결책이 도움이 될 때도 있다. 하지만 위로가 필요한 순간에 조언은 부담이 될 뿐이다.

- **긍정 격려형 위로.**

무조건 좋은 말만 하는 '긍정 격려형 위로'도 좋은 위로는 아니다.

"괜찮아. 다 지나가."
"이 일에도 분명히 이유가 있을 거야."

이런 말은 얼핏 위로처럼 들린다. 하지만 마음이 힘든 사람의 감정을 무시하는 느낌을 준다. 충분히 공감받지 못한 응원이 마음에 와닿기는 어렵다.

그렇다면 진짜 힘이 되는 위로는 어떤 모습일까? 진정으로 힘이 되는 유형의 위로는 다음과 같다.

- **감정 공감형 위로.**

상대가 힘들어할 때는 판단이나 조언을 하기보다 감정을 있는 그대로 받아 주는 '감정 공감형 위로'를 전하는 것이 좋다.

"그랬구나, 정말 힘들었겠다."
"지금 많이 속상할 것 같아."

공감의 말은 그 자체만으로도 위로가 된다.

• 함께 있기형 위로.

곁에 있어 주면서 필요한 것을 조용히 챙겨 주거나 따뜻한 밥 한 끼를 건네는 것만으로도 충분한 위로가 된다. "필요하면 말해"라는 짧은 한마디로 편안함과 신뢰가 전해진다. 때로는 말보다 행동이 더 깊은 울림을 준다.

진짜 위로는 '내가 하고 싶은 방식'이 아니라 '상대가 받고 싶은 방식'으로 건네는 것이다. 그래서 내가 위로하는 방식을 인식하고, 상황에 따라 유연하게 조율하는 감각을 길러야 한다.

말없이 안아 주는 것이 최고의 위로다

하버드대학교 의과대학의 조교수 게일 가젤 박사는 인간적인 연결은 고통을 견디는 힘이 되고, 슬픔을 이겨 낼 회복 탄력성의 토대가 된다고 강조한다. 또한 회복 탄력성을 키우려면 얼굴과 얼굴을 마주하라고 조언한다.

결국 누군가의 곁에 머문다는 것은 단순한 위로가 아니라 상대의 회복력을 키우는 중요한 역할이 된다. 그래서 우리는 '말

없이 함께 있는 법'과 더불어 '올바른 위로의 말'을 배워야 한다.

"뭐라고 말해야 할지 모르겠지만, 나는 네 곁에 있을게."
"정말 견디기 어려운 시간이겠다."
"언제든 이야기하고 싶을 때 말 해. 내가 들어 줄게."

사실 어떤 말로도 위로가 안 될 때가 위로가 가장 필요한 때다. 우리는 타인의 슬픔 앞에서 종종 망설인다. 하지만 진짜 위로는 말을 완벽하게 고르는 솜씨에서 나오지 않는다. 그저 '네가 아프다는 걸 알고 있다'는 마음의 표현에서 시작된다. "힘내", "괜찮아질 거야"라는 말보다 이렇게 말하는 것은 어떨까?

"내가 곁에 있을게."
"마음껏 울어도 돼."

조금 서툴러도 그 말이 반복될수록 상대는 덜 외롭다. 어머니를 떠나보낸 3년 전, 내 세상은 조용히 무너졌다. 그때 나를 지탱해 준 것은 그저 진심 어린 말 한마디와 침묵 속에서 나를 안아 준 사람들이었다.

"이럴 때 어떻게 위로해야 할지 몰라서 연락하는 것도 망설였어요."

조심스레 건네 온 지인들의 문자와 전화, 모든 걸 뒤로한 채 달려와 준 친구의 손길, 내 눈물을 조용히 닦아 주던 아이들의 작은 손. 그 모든 존재가 결국 내 마음을 버티게 해 줬다.

위로는 한 번으로 끝나지 않는다. 슬픔은 파도처럼 밀려오고, 사람은 그 안에서 천천히 다시 살아간다. 그러니 우리가 할 일은 단 하나다. 주저하지 말고 다가갈 것. 그리고 그 자리에 머물러 줄 것. 마음을 여러 번 건네는 온기의 반복, 그게 진짜 위로다.

💬 **체크 포인트**
위로는 무엇보다 타이밍이 중요하다. 어떤 아픔은 시간이 지나야 말할 수 있고, 어떤 감정은 스스로 꺼내기 전까지 기다려야 한다. 그 기다림이 진짜 위로가 된다.

11

가까워지고 싶다면
밥 한 끼부터 함께하라

식탁 대화의 법칙

밥 한 끼 값이 57억 원이라면 믿겠는가? 세계적인 투자자 워런 버핏과 함께 점심을 먹는 자리는 매년 경매에 부쳐진다. 역대 최고 낙찰가는 무려 57억 1,000만 원이었다. 단지 식사 한 번일 뿐인데, 왜 사람들은 그렇게까지 간절했을까?

밥 한 끼로 인생이 바뀌기 때문이다. 2007년 낙찰자인 스파이어는 버핏과의 식사를 통해 "진짜 성공한 사람이 되기 위해서는 거절에 익숙해져야 한다"라는 통찰을 얻었다. 인도 투자자 모니시 파브라이는 버핏과의 대화를 계기로 투자 철학과 인생의 방향이 바뀌었고, 지금은 '제2의 버핏'이라 불린다. 애플 CEO인 팀 쿡, 월마트 이사인 마리사 메이어, 한국의 혜민

스님까지 각자의 이름으로 이 '밥 한 끼 이벤트'를 이어 갔다.

　우리가 무심코 지나치는 식사 자리, 그 안에는 단순한 음식 이상의 것이 담겨 있다. 표정 하나, 리액션 하나, 사소한 질문 하나가 관계의 온도를 바꾸고 때로는 인생의 방향까지 바꿔 놓는다.

배를 채우고 마음도 채우는
식탁 대화법

　식사는 몸을 채우지만, 대화는 관계를 채운다. 우리가 식탁 위에서 놓치고 있는 것은 '말'이 아니라 '관계'일지도 모른다. 딱딱한 회의실보다 부드러운 식탁 위에서 동료 간 신뢰가 더 쉽게 자란다. 가정에서는 밥 한 끼를 함께하며 하루의 마음을 나누고, 아이들은 그 사이에서 소통을 배운다. 처음 만난 사람과도 식탁을 사이에 두면 긴장이 풀리고, 마음이 열린다. 한 끼를 함께하는 이 시간, 말 한마디가 공기를 바꾸고 관계를 따뜻하게 만든다. 음식만큼 소중한 것은 함께 나누는 말이다.

　하지만 같은 식사 자리에서도 대화의 방식에 따라 분위기가 완전히 달라진다. 의미 있는 시간이 될 수도 있지만 오히려 불편한 침묵과 어색함을 만들 수도 있다. 식탁 위에는 어떤 대화를 올려야 할까? 상황별로 정리해 보자.

· 협업의 윤활유가 되는 직장에서의 식탁 대화.
직장에서 점심시간에 가벼운 내용으로 이야기를 시작하고, 업무 이야기를 섞어 보자.

"요즘 날씨 너무 좋죠. 어디 가고 싶은 곳 있어요?"
"저는 이 부분이 고민인데, 팀장님은 어떻게 생각하세요?"

이때 칭찬과 격려는 아낄 필요 없다.

"어제 발표 멋졌어요! 어떻게 그렇게 잘 준비했어요?"
"항상 꼼꼼하게 체크해 주셔서 도움 많이 받아요."

반면 주의해야 할 점은 상사나 동료 험담, 조직 내 정치 이야기는 피하고 불필요한 논쟁을 일으키는 정치, 종교, 급여 문제 등은 삼가야 한다는 것이다. 또한 식사 자리에서 업무 지시나 피드백을 강하게 하면 부담이 될 수 있다는 사실을 명심하자.

· **가족 간의 유대감을 높이는 가정에서의 식탁 대화.**
저녁 식사 시간을 하루를 정리하는 시간으로 활용하자.

"오늘 가장 기분 좋았던(속상했던) 일이 뭐야?"
"오늘 학교에서(회사에서) 특별한 일 있었어?"

이때 감사의 표현도 잊지 말자.

"오늘 된장찌개가 더 맛있네. 고마워."
"학교 다녀오자마자 큰 소리로 인사해 줘서 기분 좋았어. 고마워."

반면 훈계하거나 잔소리는 하지 말아야 하고, 스마트폰이나 TV를 멀리하는 것이 좋다. 서로 얼굴을 보며 이야기하자.

· **관계를 다시 잇는 화해의 식탁 대화.**
어색해진 분위기를 풀고, 현재의 마음부터 꺼내 보자.

"맛있는 거 먹으면서 대화하고 싶었어."
"그동안 나도 생각 정리가 잘 안 됐는데, 오늘 너랑 이야기하면서 오해를 풀고 싶었어."

이때 사과는 분명하게, 따뜻하게 표현하자.

"내가 부족했어. 미안해."
"시간이 좀 걸렸지만, 사과하고 싶어."

이때는 '그래도 너도 그랬잖아' 식의 말은 절대 하면 안 된다. 또한 감정을 다시 끄집어내거나 재연하지 말고, 훈계보다 '지금 함께 있음'에 집중하는 것이 좋다.

맛있는 음식과 좋은 대화가 함께하면 관계는 깊어진다

내가 이벤트 기획 사업을 하던 시절, 행사는 늘 두 파트로 나뉘었다. 1부는 공식 세미나, 2부는 식사를 겸한 네트워킹 시간이었다. 사람들에게 오래 회자되는 것은 대부분 2부였다. 발표 못지않게 식탁에서 오간 대화와 웃음이 더 진하게 남았다. 그래서 우리는 2부 준비에 더 많은 정성과 노력을 쏟았다.

이건 단지 이벤트 현장만의 이야기가 아니다. 비즈니스 미팅 후 식사 자리에서도 마찬가지다. 너무 격식을 차리거나 영업 모드로 대하면 식사는 또 하나의 미팅이 되고 만다. 당장 계약이 성사되지 않더라도 '이 사람과는 계속 연락하고 싶다'는 인상을 남기는 것이 더 중요하다.

연인과의 식사도 마찬가지다. 데이트의 핵심은 같이 먹는 음식이 아니라 함께하는 시간에 있다. "뭐 먹을래?"로 시작해 "오늘 즐거웠어"로 끝나는 그 사이에 음식보다 더 많은 걸 전하는 것은 눈빛, 표정, 말투다.

우리 부부는 친해지고 싶은 사람이 있으면 집으로 초대해 식사를 함께한다. 대단한 요리를 내놓는 것은 아니지만, 정성스런 음식과 진심이 담긴 대화만으로도 관계는 깊어진다. 그렇게 시작된 낯선 인연이 몇 년 사이 가족 같은 이웃이 됐다.

직장에서 멘토로 삼고 싶은 상사가 있다면 회의실이 아닌 식사 자리에서 그의 이야기를 들어 보자. 식탁 위에 올라오는 것은 음식만이 아니라 삶의 경험과 조언, 사람의 온기다. 조금 더 가까워지고 싶은 이성이 있을 때도 마찬가지다. 데이트 신청이라고 하면 부담스럽지만, 밥 한 끼는 훨씬 가볍고 부담 없다. 맛있는 음식과 좋은 대화가 함께하는 시간, 그것만큼 사람

사이를 부드럽게 이어 주는 방법은 없다.

💬 체크 포인트
지금 마음을 나누고 싶은 누군가가 떠오른다면 지금 그에게 따뜻한 식사 한 끼를 제안해 보자.

12
말없이도 여운을 남기는 점 3개, 말 줄임표

여백의 법칙

누구나 감정을 다 말하지는 않는다. 무슨 감정인지 몰라서, 감정을 말로 옮기기 어려워서 혹은 아직 말할 때가 아니라서 말끝에 말줄임표를 남긴다.

A는 최근 남자 친구와 헤어진 친구에게 조심스레 물었다.

"괜찮아?"
"응, 괜찮아….''

친구는 애써 웃으며 대답했지만, 말끝에는 말줄임표가 붙어 있었다. 그 순간 A는 망설였다. 진짜 괜찮다는 걸까? 아니면 괜찮지 않다는 뜻일까?

"응, 괜찮아"라고 딱 끊었다면 A는 그 뒤를 굳이 궁금해하지 않았을지도 모른다. 하지만 대답 뒤의 여백은 묘한 궁금증을 남겼다. A는 이런 상황마다 고민이 된다. 그냥 넘어갈까? 아니면 더 물어야 할까?

끝맺지 못한 말 뒤에는 숨겨진 감정이 있다

우리는 흔히 말줄임표를 감정의 '쉼표'쯤으로 여긴다. 하지만 그 안에는 말로 표현되지 않은 수많은 감정이 겹겹이 쌓여 있다. 슬픔, 서운함, 미안함, 애써 눌러 담은 용기까지 조용히 남겨 둔 세 점 속에는 때때로 말보다 더 많은 이야기가 담긴다.

예일대학교 감성 지능 센터장 마크 브래킷 교수는 이렇게 말한다.

"감정 이해는 질문에서 시작된다. '왜 이런 기분이 들까?', '왜 지금이지?'"

끝나지 않은 문장 뒤에는 아직 다 말하지 못한 감정이 숨어 있다. 그 감정에 다가가기 위해서는 말의 끝에 남은 여운에 '왜?'라는 질문을 던져야 한다.

"응. 괜찮아…."

그 말끝에 잠시 멈춰 "정말 괜찮아?"하고 조심스레 물어볼 때 '여운 대화'가 시작된다. 여운 대화는 많이 말하지 않아도 마음을 깊이 전하는 방식이다. 말끝에 남긴 짧은 여백이 오히려 감정을 더 크게 울린다.

여운 대화는 두 방향으로 작동한다. 하나는 상대의 여운을 읽는 기술, 다른 하나는 내가 여운을 남기는 기술이다.

"그냥… 좀 그래."
→ "그냥 (너무 속상해서) 좀 그래."

"됐어요… 그만 넘어가시죠."
→ "됐어요. (지금 더 말하면 화낼 것 같으니까) 그만 넘어가시죠."

"고마워… 정말."
→ "고마워 . (어떻게 고마움을 전해야 할지 모르겠어) 정말."

말로 다 하지 못한 감정을 대신해 말줄임표가 남는다. 그 여운을 알아봐 주는 사람은 단순한 공감을 넘어선다. 여운을 읽는 능력은 관계를 깊게 만드는 기술이다. 누구에게나 꼭 필요한 감각이다.

여운을 읽는 사람이
타인의 마음을 움직인다

그렇다면 상대가 여운을 남겼을 때 우리는 어떻게 반응해야 할까? 먼저 그 말끝에 '감정이 남아 있다는 것'을 알아차려야 한다.

"그냥… 좀 그래"라는 말에 "그래? 무슨 일이야?" 하고 곧장 캐묻기보다 시선과 표정으로 조심스레 상대의 감정을 읽어 보는 것이다.

'대답에 뭔가 감정이 담긴 것 같네.'
'말 안 해도 느껴지는 게 있어.'

그리고 잠시 후 상대와 같은 호흡으로 물어보는 것이 좋다.

"무슨 일 있어…?"

나의 아들은 초등학교 3학년이 된 친한 친구와 약속해서 아침마다 함께 등교한다. 그런데 어느 날은 평소와 다르게 혼자 등교하길래 그 이유를 묻자 "그냥…. 혼자 가고 싶어"라고 말했다. 친구와 다퉜는지 물었지만 아니라고 했다. 더 묻고 싶었지만 이렇게 말했다.

"그래…. 기분은 괜찮아? 엄마한테 하고 싶은 이야기 있으면 나중에 꼭 해 줘."

며칠 후 알게 됐다. 그때 아들의 대답이 "그냥 (등교할 때 시끄러운 게 싫어서) 혼자 가고 싶어"라는 뜻이었음을. 상대의 여운을 캐치했을 때는 자기 말에도 여운을 담을 줄 알아야 한다. 우리는 부모라는 이름으로 자녀에게, 상사라는 이름으로 팀원에게, 연인이라는 이름으로 사랑하는 사람에게 너무 많은 말을 하려 든다. 때로는 말을 덜 할수록 진심이 더 전해질 수 있다.

여운 대화가 묵직한 전략이 될 수도 있다. 기업의 CEO는 회의에서 긴 설명 대신 핵심 한 문장만 던지고 잠시 침묵을 유지한다.

"이 방향이 정말 맞아요…?"

그 짧은 한마디와 말의 여백은 사람들을 더 깊이 생각하게 만든다.

발음을 또박또박 하고, 말 속도를 일정하게 유지하면 '똑똑하다'는 인상을 준다. 하지만 말에 여백과 여운이 있는 사람은 그보다 더 깊은 인상을 남긴다. 신중함, 섬세함, 지성, 이 3가지가 말끝에 맺히면 말에 무게가 생긴다. 재치와 유머로 거침없이 분위기를 주도하는 사람이 있는가 하면 말에 무게감을 더하며 조용히 흐름을 이끄는 사람도 있다.

단 이 여운을 오해해서는 안 된다. 말끝을 흐리면서 내용을 명확히 전달하지 못하면 우유부단하거나 확신이 없는 사람처럼 보인다. 그래서 여운은 전략적으로 써야 한다. 메시지는 선명하게, 감정은 부드럽게.

어렵게 느껴지는가? 일상에서 신뢰받는 사람들을 유심히 관찰해 보자. 드라마나 영화 속의 무게감 있는 인물도 좋다. 그들이 중요한 말을 하기 전에 어떻게 잠시 멈추는지, 말이 끝난 뒤 어떻게 여백을 남기는지 살펴보고 따라 해 보자. 우리도 그런 사람이 될 수 있다. 내 말에 여운을 담는 순간 나는 더 깊이 있는 사람, 더 매력적인 사람, 더 신뢰받는 사람이 된다.

누군가의 말줄임표를 그냥 지나치지 말고 잠시 그 곁에 멈춰 서는 사람이 되자. 그런 사람이 결국 타인의 마음을 움직인다.

💬 **체크 포인트**
잊지 말자. 누군가 말끝을 살짝 흐린다면 그건 아직 말하지 않은 감정이 남아 있다는 신호일 수 있다.

13

상대에게 필요한
따뜻한 한마디를 선물하라

공감의 법칙

말을 잘한다는 것은 단순히 예쁘게 말하는 것만을 뜻하지 않는다. 어떤 말은 들으면 기분이 좋아지고, 어떤 말은 마음을 따뜻하게 하며 또 어떤 말은 편안함을 준다. 우리는 '예쁘게 말해야 한다'고 배웠지만, 그 말이 다정한 말인지, 친절한 말인지까지는 생각하지 않는다. 그러나 이 3가지는 분명히 다르다.

상황에 따라 말의 결이 달라야 한다. "정말 멋지다!"라는 예쁜 말 하나가 하루를 반짝이게 만들고, "오늘 많이 힘들죠?" 같은 다정한 말이 무너진 마음을 조용히 붙잡아 준다. "천천히 해도 괜찮아. 내가 기다릴게"라는 친절한 말은 지친 하루에 여유와 위로를 선물한다.

기분 좋은 말 한마디가
기억에 남는 대화를 만든다

A: "와, 오늘 머리 스타일 진짜 예쁘다!"
B: "고마워! 오늘은 기분 좋은 하루가 될 것 같아."

C: "너 오늘 피곤해 보인다. 괜찮아?"
D: "어제 잠을 잘 못 잤어. 그래도 네가 걱정해 주니까 기운이 좀 나네."

E: "차가 많이 막히죠? 여기까지 오느라 고생 많으셨어요."
F: "네, 조금 막혔어요. 따뜻하게 맞아 주셔서 감사합니다."

비슷한 대화처럼 보이지만, 그 안에 담긴 감정의 결이 다르다. 예쁜 말은 기분을 좋게 만들고, 다정한 말은 마음을 읽어 주며, 친절한 말은 상대를 배려한다. 이렇게 상황에 맞게 말의 결을 구분해서 쓸 줄 아는 사람은 항상 함께하고 싶은 사람이 된다. 이 말들이 단지 '기분 좋은 말'을 넘어서 기억에 남는 대화를 만든다는 점도 중요하다.

노벨경제학상 수상자인 심리학자 대니얼 카너먼는 '피크 엔드 법칙'을 통해 사람은 전체 경험보다 '가장 강렬한 순간(피크)'과 '마지막 순간(엔드)'을 더 뚜렷하게 기억한다고 설명한다. 이를 보여 주는 대표적인 실험은 '찬물 실험'이다.

참가자들은 14도의 차가운 물에 60초 동안 손을 담그는 A 경험과 똑같이 14도의 물에서 60초 그리고 추가로 15도의 물에 30초 더 담그는 B 경험을 겪었다. B가 더 길고, 고통도 더 오래 지속됐지만, 참가자의 80% 가 B를 다시 선택했다. 마지막이 덜 고통스러웠다는 이유만으로 전체 경험이 달리 기억하는 것이다.

말도 마찬가지다. 따뜻한 말 한마디, 마지막 인사 한 줄이 관계를 바꿀 수 있다.

예쁜 말, 다정한 말, 친절한 말은 어떻게 다를까?

말에는 감정의 결이 있다. 기분을 좋게 만드는 예쁜 말, 마음을 살피는 다정한 말, 배려가 담긴 친절한 말이다. 이 말들이 오가는 관계는 더 깊이 연결된다. 그 차이를 조금 더 들여다

보면 다음과 같다.

- '예쁜 말'은 듣기 좋은 말이다.

첫 번째 대화에서 A가 한 말은 예쁜 말이다. 예쁜 말은 듣는 순간 기분이 밝아지고 자신감이 생긴다. 하지만 깊은 감정까지 건드리지는 않는다. 그래서 예쁜 말만 반복하면 '형식적인 칭찬'처럼 느껴질 수도 있다. 예쁜 말은 처음 만난 사람과 어색함을 줄이고 싶을 때, 분위기를 밝게 만들고 싶을 때, 긍정적인 인상을 주고 싶을 때 효과적이다.

"오늘 정말 멋져 보이네."
"너랑 있으면 분위기가 좋아져."

- '다정한 말'은 감정을 들여다보는 말이다.

두 번째 대화에서 C는 상대의 피곤함을 알아차리고 걱정해 준다. 다정한 말은 상대의 감정을 읽고 공감하는 말이다. 듣는 사람은 '내 감정을 알아주는구나' 하고 느끼며, 관계가 깊어진다. 다정한 말은 상대가 힘들거나 고민이 있어 보일 때, 감정을 나누고 싶을 때 필요하다.

"오늘 하루 어땠어? 힘든 일은 없었어?"
"요즘 고민이 많아 보이던데, 너무 혼자 끌어안지 않으면 좋겠어."

- **'친절한 말'은 배려가 중심이다.**

마지막 대화에서 E가 한 말은 친절한 말이다. 친절한 말은 상대를 배려하고 돕는 말이다. 듣는 사람은 '내가 존중받고 있구나'라는 느낌을 받으며 신뢰가 형성된다. 상대가 실수했거나 어려움을 겪을 때, 도움이 필요할 때, 안정감을 주고 싶을 때는 친절한 말을 해야 한다.

"오늘 일정 많으셨죠? 이건 제가 정리해 둘게요."
"제가 도와드릴 일 있으면 언제든 말씀해 주세요."

초등학교 1학년인 딸은 요즘 부쩍 예쁜 말을 많이 한다.

"엄마는 천사 같아. 정말 예뻐."

초등학교 3학년인 아들은 늘 다정한 말을 하면서 내 마음을 살핀다.

"엄마, 피곤해? 기분이 안 좋아?"

남편이 하는 말 중에서 나에게 가장 친절한 말은 이것이다.

"설거지 놔 둬. 내가 할게."

워킹 맘으로 매일 치열하게 살다가도 이런 말 한마디에 피로가 사르르 녹아내린다.

주변을 둘러보자. 지금, 내 주변 누군가의 마음에 어떤 말이 필요할까? 그 한마디로 그 사람의 하루가 따뜻해질 수 있다면 기꺼이 건네 보자. 비용도 들지 않는 작은 선물이지만 가장 오래 남는 기억이 될지도 모른다.

💬 체크 포인트

예쁜 말을 하면 기분이 좋아지고, 다정한 말을 하면 마음이 풀리고, 친절한 말을 하면 마음이 열린다.

14

적을 내 편으로 만들려면 꺾지 말고 무력화시켜라

협력자의 법칙

현명한 사람은 싸우지 않는다. 대신 적을 내 편으로 만드는 방법을 안다. 그 대표적인 인물이 바로 에이브러햄 링컨이다. 그는 정치적 경쟁자들까지 내각에 기용하며 적을 친구로 바꾸는 전략을 실천했다. 링컨은 이렇게 말했다.

"당신을 미워하는 자들에게 선을 베풀고, 그들의 악의를 우정으로 바꿔라."

이상주의가 아니라 공감과 포용을 통해 협력을 끌어낸 리더십이었다.

적이 가장 약해지는 순간은
적대감을 잃었을 때다

   살다 보면 모든 사람이 내 편이 돼 주지는 않는다. 때때로 반대편에 서 있는 사람이 더 많아 보이기도 한다. 심지어 가장 가까운 가족이나 친구가 어느 순간 적처럼 느껴지기도 한다. 여기서 말하는 적은 나를 해치려는 사람이 아니다. 내 생각을 꺾는 사람, 내 감정을 무시하는 사람, 내 도전에 찬물을 끼얹는 사람이 '내 마음속의 적'이 된다.
   내 아이디어에 매번 반박하는 동료, 새롭게 시작해 보려는 나에게 "그게 되겠어?"라며 비관하는 가족, 사소한 일에도 시비를 거는 경쟁자, 별 의미 없는 말로 기분 상하게 만드는 친구. 이런 사람들과 맞설 때마다 감정적으로 대응하면 적대감은 커지고 관계는 멀어진다.
   나도 한때는 적을 많이 만들었다. 정말 열심히 싸웠다. 약해 보이지 않으려고, 한마디도 지지 않으려고 애썼다. 그런데 시간이 지나고 나서야 알게 됐다. 그렇게 싸우면 원하는 걸 얻는 게 아니라 적만 남는다는 것을. 적이 가장 약해지는 순간은 적대감을 잃었을 때다. 상대가 나를 경쟁자가 아닌 협력자로 인식할 때 비로소 말이 통하고 마음이 열린다.

적도 내 편으로 만드는
5가지 대화 기술

어떻게 해야 적대감을 줄이고 관계를 바꿀 수 있을까? 적대적인 관계를 부드럽게 풀고, 상대방의 방어를 허물고, 신뢰를 쌓는 말에는 몇 가지 원칙이 있다. 인정, 공감, 유연함 그리고 예상 밖의 친절이 담긴 말이다. 예시를 통해 자세히 살펴보자.

- 상대의 의도를 인정한다.

상대의 입장을 무시하고 바로 반박하면 대화는 쉽게 대립으로 흐른다. 논리를 펼치기 전에 먼저 '상대가 왜 그렇게 말했는지'를 인정해 주는 태도가 필요하다.

A: "이번에는 CG를 화려하게 넣어 볼까요? 눈에 띌 것 같아서요."
B: "그건 아닌 것 같은데요. 이번 마케팅 콘셉트와 방향이랑 안 맞아요."
→ "제안해 주신 아이디어도 흥미롭네요. 다만 이번 마케팅 콘셉트가 미니멀하고 감성적이라 간결한 접근이 필요할 것 같아요. 이 방향에서 조금 조정해 보면 어떨까요?"

- 상대를 무시하는 말 대신 공감하는 말을 한다.

상대의 감정을 무시하거나 사소하게 여기는 말은 불필요한 오해와 갈등을 낳는다. 특히 감정이 격해진 상황에서는 논리보다 공감이 먼저다. 감정을 인정해 주면 상대의 방어가 풀리고 대화가 이어질 수 있다.

아내: "퇴근하고 오자마자 휴대폰만 보더라. 나랑 이야기할 생각은 없는 거야?"

남편: "급한 연락이 와서 그렇지. 내가 퇴근하고 와서 휴대폰 보는 데 그렇게까지 예민하게 굴 일이야?"

→ "퇴근하자마자 휴대폰 본 게 서운했구나. 미안해. 급한 연락이 있어서 확인하느라 그랬어."

- 상대의 말을 수용하고 질문으로 되묻는다.

면접이나 중요한 미팅에서 상대방의 의견에 바로 반박하거나 "아니요"라고 곧장 부정하는 것은 아쉬운 대응이다. 상대의 말을 받아들이되 질문으로 되묻는 방식이 좋다. 설득력과 소통 역량을 동시에 보여 줄 수 있다.

면접관: "이 직무는 반복적인 업무가 많은데 괜찮겠어요?"

지원자: "아니요. 저는 다양한 일을 더 좋아하는 편이에요."
→ "반복적인 업무가 많다고 하셨는데, 어떤 작업이 자주 반복되나요? 그 안에서 효율을 높일 수 있는 부분이 있다면 적극적으로 개선해 보고 싶습니다."

• 나쁜 말에 친절한 말로 대답한다.

상대가 날카롭게 반응할 때 나도 같이 날카롭게 반응하면 갈등은 깊어질 수밖에 없다. 특히 뭘 해도 밉상이고, 늘 트집을 잡는 동료에게는 더 그렇다. 이럴 때 '예상 밖의 친절한 한 마디'가 상대의 방어심을 누그러뜨린다. 공격이 이어질 것 같은 순간 부드러운 말로 흐름을 바꾸는 기술은 관계를 지키는 데 힘이 된다. 감정에 힘을 빼고, 배우처럼 연기하듯 말하자.

동료 A: "자료를 너무 급하게 줬잖아요. 밤새 수정했어요."
동료 B: "그건 어쩔 수 없었죠. 나도 한다고 한 거예요."
→ "고생 많았어요. 다음에는 더 여유 있게 드릴게요."

• 갈등을 '대립'보다 '문제'로 바라본다.

갈등을 대립 구조로 보지 않고 '함께 해결할 문제'로 바꾸는 순간 대화가 달라진다. 부모와 자녀 사이에서도 마찬가지다.

일방적인 지적이나 훈계는 방어를 부르지만, '우리'라는 단어가 들어간 말은 협력의 분위기를 만든다. 이기려는 말보다 이해하려는 말이 먼저다.

자녀: "학원 그만 다니고 싶어요. 너무 힘들어요."
부모: "또 힘들어? 다들 힘들어도 참고 다니는 거야."
→ "그래. 네 마음 이해돼. 어떻게 하면 될지 우리 함께 이야기해 보자."

이런 예시를 보면 '나도 저렇게 해 봐야지' 하고 다짐하지만, 막상 상황이 닥치면 쉽지 않다. 상대가 강하게 나오면 나도 모르게 방어하거나 맞서고 싶다. 가만히 있으면 지는 것 같고, 빨리 반응하지 않으면 밀릴 것 같은 불안감이 올라온다. 하지만 강한 말은 논리로 꺾는 말이 아니라 분위기를 바꾸고 관계를 움직이는 말이다.

💬 체크 포인트

마음에 들지 않는 상대라고 해서 그 사람의 의견에 무조건적으로 반박하는 것은 옳지 않다. 적을 이기려는 말보다 상황을 이해하려는 말이 먼저다.

15

애매한 애칭보다
공손한 호칭이 낫다

호칭의 법칙

친구가 병원을 다녀오더니 잔뜩 화가 나 있었다.

"아니, 내가 언제 어머니가 된 적이 있다고! 간호사가 계속 '어머니'라고 부르는데 너무 당황했어!"

아버지는 식당에서 식사하시고 돌아오자마자 불만을 터뜨리셨다.

"50살이 넘어 보이는 아저씨가 나한테 왜 할아버지라고 불러! 내가 손주들한테나 할아버지지."

후배는 스마트폰 매장을 다녀온 후 씩씩거렸다.

"사모님이라니! 결혼 안 한 사람한테 사모님이라고 부르면 어떡해?"

호칭은 존중의 첫 번째 표현이다

이들이 화가 난 이유는 단순하다. 호칭은 단순한 호명이 아니라 대화의 태도이자 관계의 표현이기 때문이다. '어떻게 불렀는가'는 결국 '어떻게 대했는가'와 같다. 그래서 호칭 하나로 기분이 상하기도 하고, 마음이 열리기도 한다. 누군가가 나를 이름이나 공손한 말로 불러 줄 때 우리는 이렇게 느낀다.

'나는 존중받고 있구나.'

이는 심리학에서 '자기 가치 확인 이론'으로 설명할 수 있다. 심리학자 코헨과 스틸은 사람은 자아가 위협받을 때 본능적으로 방어에 들어간다고 말한다. 반대로 자신의 가치를 먼저 인정받으면 마음의 문을 연다. 결국 호칭 하나가 자존감을 건드릴 수도, 회복시킬 수도 있는 셈이다.

직장에서 직급을 잘못 부르면 무례해 보일 수 있다. 부부간에 "자기야", "여보"라는 호칭에는 애정이 실리고, "○○ 엄마"라는 호칭에는 역할만 남는다. 연인 간에는 애칭이 애정 표현이 되기도 하지만, 때로는 부담이 되기도 한다. 친하지 않은 사이에 "야"라고 부르면 두 번 다시 보지 않을 수도 있다.

호칭은 말의 형식이 아니라 마음의 표현이다. 우리는 매일 누군가를 부르고, 또 누군가에게 불린다. 그 부름에 존중과 애정을 담고 있는가가 서로의 감정을 움직이게 한다.

실수를 줄이는
호칭 원칙 4가지

호칭은 그냥 습관대로, 관행대로 부르면 실수하기 쉽다. 지금부터 소개할 '호칭 원칙 4가지'를 기억해 두자.

· 모르는 사람에게는 '사장님'이나 '선생님'이라고 부르자.
"사장님, 여기 계산 좀 도와주세요."

"선생님, 혹시 여기 줄 서는 곳이 어디인가요?"

• 거래처 직원과 대화할 때는 직책을 부르자.

"팀장님, 이 부분 검토 부탁드립니다."

"김우주 님, 다음 일정은 어떻게 진행하면 될까요?"

• 애매할 때는 이름을 부르자.

"차은우 님, 이 서류 확인 부탁드려요."

"김별 고객님, 주문하신 상품 준비해 드릴게요."

• 어설픈 친근함 대신 정중함을 택하자.

"고객님, 이 상품 한번 보실래요?"

"실례합니다. 길 좀 여쭤 봐도 될까요?"

호칭이 달라지면 뒤따르는 말도 자연스레 달라진다. 낯선 상대에게 '선생님' 같은 호칭이 어색하다면 호칭 없이 정중하게 말을 거는 것도 좋은 방법이다. '실례합니다'처럼 공손한 표현으로 시작하면 불편함 없이 대화를 이어 갈 수 있다.

호칭 하나가 어떤 이에게는 따뜻한 배려가 되지만, 다른 이에게는 불편한 기억이 될 수도 있다. 애매할 땐 차라리 물어보자.

"제가 어떻게 부르는 것이 편하신가요?"

이 한마디가 오해를 줄이고, 관계를 부드럽게 만든다. 가족 간에도 마찬가지다. 배우자에게 어떤 호칭이 좋은지 물어보자. 결혼을 앞두고 있다면 서로의 가족을 어떻게 부를지 미리 정하는 것도 좋다.

누군가를 부를 때 그 말 안에 존중과 기대를 담자. 그 한마디가 상대방의 자존감을 살리고, 행동을 바꾸고, 관계를 따뜻하게 만든다.

> 💬 **체크 포인트**
> 호칭 하나가 가져오는 파급력은 생각보다 크다. 가능하다면 상대에게 어떤 호칭으로 부르면 좋을지 물어보자.

16

오해와 단절을 없애는 진심이 담긴 한마디

비폭력 대화의 법칙

한 상황을 떠올려 보자. 당신의 눈앞에 두 사람이 서 있다.

1번은 외모가 완벽하다. 당신의 취향에 꼭 맞는다. 하지만 말투가 거칠고, 듣는 사람의 기분을 상하게 하는 말을 아무렇지 않게 한다.

2번의 외모는 이상형과는 거리가 있다. 그러나 말투는 늘 부드럽고 따뜻하며 다정하다.

평생을 함께할 사람을 한 명 선택해야 한다면 누구를 고르겠는가? 아마 결혼한 사람이라면 대부분 2번을 택할 것이다. 외모는 시간이 지나면 익숙해지지만, 말투는 매일 온몸으로 받아들여야 하기 때문이다.

어느 결혼식에서 신부의 아버지가 이렇게 말했다.

"평생을 행복하게 살고 싶다면 서로에게 예쁜 말을 하세요."

이어 주례를 보는 목사님도 덧붙였다.

"서로의 말을 잘 들어 주고, 따뜻하게 표현하세요."

닫힌 마음의 문을 여는
비폭력 대화법

관계에서 중요한 것은 사랑, 존중, 공감이다. 하지만 그중에서도 관계의 핵심에는 언제나 '말'이 있다. 그렇다면 어떻게 말해야 할까?

같은 말이라도 표현 방식에 따라 상대는 비난으로 듣기도 하고, 응원으로 받아들이기도 한다. "왜 아직도 안 했어?"는 다그침이고, "혹시 뭐 도와줄 거 있어?"는 배려다. "그걸 꼭 지금 말해야 해?"는 날카롭고, "나중에 천천히 이야기해도 괜찮을까?"는 따뜻하다. 말투 하나로 대화의 온도가 달라지고, 대화의 온도가 바뀌면 관계가 달라진다. 결국 사람 사이를 움직이는 힘은 말의 내용이 아니라 대화의 온도다.

가만히 생각해 보면 우리가 가까운 사람과 멀어지는 순간은 사소한 말 한마디에서 시작되는 경우가 많다. 이렇게 표현할 수 있다면 오해는 사라지고, 상대의 마음이 열릴 것이다.

"내가 뭘 그렇게 잘못했어?"
"그 말은 그런 뜻이 아니잖아."

변명 같은 말투, 무심한 표현, 사소한 단어 하나로 오해는 더 큰 오해를 낳고 상대의 마음을 닫게 만든다.

"그땐 내가 몰랐어. 미안해."
"그 말이 그렇게 들렸다면 내 표현이 부족했던 거야."

우리는 자신이 폭력적인 사람이 아니라고 생각하지만, 말을 통해 자신이나 타인에게 상처를 주고 마음을 아프게 할 때가 많다.

세계적인 심리학자 마셜 로젠버그는 '비폭력 대화'를 "마음에서 우러나올 수 있도록 우리를 이끌어 주는 소통 방법"이라고 정의한다. 로젠버그는 연민이 깃든 대화, 즉 상대의 말에 귀 기울여 들으면서 자신의 의견을 명확하게 표현하는 방식이 건강한 관계를 만든다고 말한다. 비폭력 대화는 관찰, 느낌, 욕구, 부탁이라는 4가지 요소로 구성돼 있다.

예를 들어, 상대방이 약속 시간에 늦었을 때 비폭력 대화는 이렇게 이뤄진다.

• 관찰.
"우리는 3시에 만나기로 했는데, 지금은 3시 30분이야."

• 느낌.
"나는 걱정이 많이 됐고 조금은 화가 나."

• 욕구.
"나는 시간 약속이 지켜지길 원해."

• 부탁.
"앞으로 늦을 것 같으면 미리 알려 줄 수 있을까?"

보통 이런 상황에서는 "왜 연락 안 했어?", "늦으면 늦는다고 말해야지!" 같은 말이 먼저 튀어나오기 쉽다. 하지만 비폭력 대화는 상대를 비난하거나 몰아세우지 않고, 자신의 감정과 필요를 솔직하게 전달하는 대화 방법이다.

소원해진 가족에게, 멀어진 친구에게 진심을 전해 보자

하버드대학교에서 1939년부터 무려 85년간 진행한 '그랜트 연구'에 따르면, 인간의 행복을 결정짓는 가장 중요한 요소는 다름 아닌 '관계'다. 돈, 성취, 건강 등 여러 요인이 있지만, 가장 깊은 영향을 미치는 것은 좋은 인간관계다. 가족, 친구, 동료처럼 친밀한 사이에서 고성이 오가던 사이로 변해도 진심 어린 사과 한마디면 다시 연결될 수 있다.

우리는 일상 곳곳에서 말이 관계를 바꾸는 순간을 마주한다. 나의 지인은 사춘기 아들과의 갈등을 피하기 위해 2년 정도 아들과 대화를 거의 하지 않았다. 그러다 어느 날, 대화를 피한다고 해서 아들과의 갈등이 사라지지 않는다는 것을 깨달았다. 그 후 자신의 감정을 솔직하게 표현하며 아들의 말에 귀 기울이기 시작했다. 그 순간부터 둘 사이의 온도는 달라졌고, 오래된 감정의 골이 천천히 메워지기 시작했다.

나 역시 비슷한 경험이 있다. 항상 먼저 연락해 주던 친구가 어느 순간부터 연락이 뜸해졌고, 메시지의 말투도 전보다 차가웠다. 나는 조심스럽게 친구에게 물었다.

"혹시 나에게 서운한 게 있으면 말해 주면 좋겠어. 내가 너한테 뭔가 실수한 게 있어?"
"생각 정리 좀 하고 나중에 말할게."

그 후로도 나는 몇 달 동안 꾸준히 연락하며 안부를 전했다. 결국 우리는 대화를 통해 오해를 풀었고, 예전처럼 가까운 사이로 돌아올 수 있었다.

내가 스피킹 코치로 수강생들의 고민을 해결하며 느낀 것은 진심을 담아 이야기하는 것이 생각보다 더 중요하다는 것이다. 우리가 흔히 말하는 '예쁘게 말한다'는 것은 그저 말끝을 부드럽게 처리하는 게 아니다. 상대를 향한 마음을 정성껏 담아내는 연습이다. 그 연습이 쌓일수록 우리는 단단한 관계를 만들 수 있다. 힘들 때 내 손을 잡아 줄 사람은 따뜻한 말로 관계를 이어 온 사람이다.

💬 **체크 포인트**

좋은 관계의 시작은 말에 있다. 말은 닫힌 마음을 여는 열쇠가 되기도 하고, 멀어진 관계를 다시 이어 주는 다리가 되기도 한다.

3장

언제나 호감을 주는 다정한 대화법

R.E.A.D 법칙부터 표현의 법칙까지

모든 대화는 맥락에 달려 있다

R.E.A.D 법칙

식당에서 두 친구가 앉아 식사하고 있다. A는 쉬지 않고 말을 이어 갔고, B는 조용히 듣기만 했다. B의 표정을 보니 '차라리 집에 가서 넷플릭스나 볼걸'이라고 생각하는 듯 보였다.

이 대화에서 문제는 B가 대화에 흥미가 없다는 사실을 A가 전혀 눈치채지 못했다는 것이다. 이 상황은 우리 주변에서 흔히 볼 수 있는 장면이다. 왜 이런 일이 반복될까? 많은 사람이 자기 말에 집중하느라 상대의 반응을 놓치기 때문이다.

미국의 사회학자이자 저널리스트인 윌리엄 H. 화이트가 1950년 《포춘》에서 언급한 후, 지금까지 다양하게 인용되고 있는 유명한 말이 있다.

"의사소통에서 가장 큰 문제는 의사소통이 이뤄졌다는 착각이다."

좋은 대화란 내 말을 하기 전에 상대의 생각과 감정을 읽는 것에서 시작된다. 나는 많은 사람이 겪는 대화 문제를 해결하기 위해 'R.E.A.D 대화 모델'을 개발했다. 이 모델만 따르면 누구나 '대화 마스터'가 될 수 있다.

말하는 사람과 듣는 사람 모두에게 필요한 R.E.A.D 모델

1. 관찰하기(Read).
상대방의 언어적, 비언어적 신호를 읽고 관찰한다.

2. 공감하기(Empathize).
관찰한 내용을 바탕으로 공감한다.

3. 분석하기(Analyze).
대화의 방향을 정하기 위해 분석한다.

4. 전달하기(Deliver).

자신의 생각과 감정을 전달한다.

만약에 앞서 소개한 친구들이 이 모델을 알고 있었다면 두 사람은 훨씬 유쾌한 식사를 할 수 있었을 것이다. R.E.A.D 대화 모델은 말하는 사람에게도, 듣는 사람에게도 필요한 기술이다.

- 말하는 친구 A의 상황.

관찰: '친구가 무표정하다.'
공감: '지루해하고 있나?'
분석: '친구의 말도 들어야 봐야 겠네.'
전달: "너는 오늘 하루 어땠어?"

- 듣기만 하던 친구 B의 상황.

관찰: '친구가 내 표정을 안 본다.'
공감: '서운하다.'
분석: '내 마음도 전해야겠다.'
전달: "나도 오늘 이런 일이 있었어."

대화를 잘한다는 것은
맥락을 잘 읽는다는 것이다

말을 잘한다는 것은 스피치 기술이 아니라 상황을 읽는 힘에서 시작된다. 그래서 '전달하기'보다 더 중요한 것은 관찰하고, 공감하고, 분석하는 3단계 과정이다.

1. 관찰하기.
말뿐 아니라 표정, 말투, 분위기, 맥락까지 읽는 것.

2. 공감하기.
그 안에 담긴 감정과 의도를 느끼는 것.

3. 분석하기.
감정에 휘둘리지 않고 대화의 방향을 결정하는 것.

이 과정을 제대로 거쳐야 마지막 '전달하기'가 효과를 발휘한다. 즉 말을 잘하고 싶다면 '생각을 잘 거치는 법'부터 배워야 한다. 나는 이 과정을 '대화를 읽는 능력'이라고 부른다. 명상에서 호흡을 들여다보듯 대화도 말하기 전에 상대의 반응과 감정을 읽어야 한다. 공감 능력도, 문제 해결 능력도 대화를 읽는 능력에서 출발한다.

다음의 상황을 보자.

- 프로젝트 일정에 대해 동료들의 의견이 다를 때.

관찰: '동료는 일정을 연기하고 싶어 한다.'
공감: '상대방은 자신의 입장을 이해받고 싶어 하고, 나는 무시당해서 답답하다.'
분석: '감정적인 공감보다 합의점을 찾아서 해결책을 제시하는 것이 우선이다.'
전달: "○○님 의견은 잘 알겠습니다. 마감 일정을 맞추려면 어떤 방법이 좋을까요?"

R.E.A.D 모델은 모든 상황에서 적용할 수 있다. 부부 싸움부터 업무 갈등까지 모두 같은 원리로 풀 수 있다. 중요한 것은 말하기 전에 먼저 '대화를 읽는 시간'을 갖는 것이다.

이런 질문을 할지도 모르겠다. 대화가 빠르게 진행되는 와중에 R.E.A.D 4단계를 적용할 수 있을까? 결론은 가능하다. 뇌 과학이 이를 뒷받침해 준다.

뇌 과학에서 뇌의 브로카 영역(말하기)보다 베르니케 영역(이해)이 먼저 활성화된다는 사실이 밝혀졌다. 즉 우리는 말하기 직전에 무의식적으로 내용을 먼저 정리한다는 뜻이다. 그러니 단 1초, 한 박자만 더 여유를 가져 보는 것은 어떨까? 그 짧은 멈춤이 대화의 질을 완전히 바꾼다.

💬 체크 포인트

대화는 내가 옳음을 증명하는 과정이 아니다. 상대의 입장에 한 걸음 다가가는 과정이다. 보고 느끼고, 생각하고, 말하자.

18

너 한 번, 나 한 번
공을 주고받듯 대화하라

캐치볼 법칙

점심시간에 두 사람이 카페에서 대화를 나누고 있다.

A: "이번 발표 자료에 신경 많이 썼어. 특히 이미지 부분."
B: "그랬구나. 그런데 마지막 페이지에서 데이터가 눈에 띄지 않더라. 중요한 부분 아니야?"
A: "마지막 페이지? 중요하지. 다시 볼게."

겉보기에는 평범한 대화지만, 중요한 지점이 있다. 만약 A가 자기 얘기만 쏟아 냈거나 B가 의견을 내지 않고 듣기만 했다면 A는 자료를 점검할 기회를 놓쳤을 것이다.

대화는 개인전이 아니라 팀전이다

대화는 혼자 떠드는 강연이 아니다. 내가 마이크를 독점하는 순간 상대는 머릿속으로 퇴장한다.

좋은 대화는 '말의 독점'이 아니라 '생각의 연결'에서 시작된다. 대화는 서로 공을 주고받는 캐치볼과 같다. 한 사람이 너무 오래 이야기하면 상대는 흥미를 잃고, 반대로 말을 너무 하지 않아도 흐름이 끊긴다.

한 20대 여성이 말하기 수업에서 이런 고민을 털어놓았다.

"저는 말을 잘하고 싶어요. 그런데 대화에 끼어들기가 어려워요. 그래서 점점 자신감이 떨어져요."

많은 사람이 이런 고민을 공유한다. 말을 잘해야 한다는 압박이 오히려 말을 막는다. 대화의 흐름을 주도한다는 것은 혼자서만 말을 유창하게 하는 것이 아니라 서로 말을 주고받는 것이다. 서로 말을 주고받을 때 대화에 빠져들고 그 순간을 더 즐길 수 있다.

세계적인 설득의 대부 로버트 치알디니는 '상호성의 원칙'을 강조했다. 사람은 다른 사람으로부터 호의를 받으면 그에 보답하려는 심리가 든다. 이런 상호성은 대화에도 적용된다. 우리는 한쪽이 일방적으로 이야기하는 것이 아니라 서로 말을 주고받을 때 상대방에게 호감을 느끼고 신뢰를 형성한다.

대화를 잘 이끈다는 것은 말을 많이 하는 게 아니라 리듬을 살리는 것이다. 그 섬세한 리듬이 살아날 때 대화는 자연스럽게 깊어지고 즐거워진다. 대화의 흐름을 자연스럽게 이어 가기 위해 다음 4가지 기술을 기억하자.

대화의 흐름을 이어 가는 4가지 방법

1. 열린 질문으로 대화를 열어라.

'어떻게', '왜'로 시작하는 질문은 단답이 아닌 이야기를 이끌어 낸다. 상대가 자신의 생각과 감정을 자연스럽게 풀어놓을 수 있도록 유도하는 질문으로 대화의 포문을 열어라.

"이번 제주도 여행은 어땠어? 기억에 남는 순간 있어?"
"요즘 재미있게 하는 취미는 뭐야?"

이때 상대방의 답이 길어질수록 대화가 살아난다.

2. 내 경험을 자연스럽게 덧붙여라.

반응하고, 공감하고, 경험을 공유하면 대화가 끊기지 않는다. '나도 그래'라는 말은 공감의 또 다른 표현이다. 내 경험을 공유하면 상대는 나에게 친밀감을 느낀다.

"나도 폭풍우를 만난 적 있어. 아직도 그때 기억이 생생해."
"나도 주말마다 베이킹 수업을 다니는데 정말 재미있더라."

3. 후속 질문으로 대화의 깊이를 만들어라.

대화를 이어 가는 것은 후속 질문이다. 상대 말에서 흥미로운 지점을 포착해 한 걸음 더 들어가자. 후속 질문은 대화를 '질문과 대답'의 반복이 아니라 '함께하는 이야기'로 바꾼다.

"아, 그다음에는 어떻게 됐어?"
"그렇구나! 그때 너는 어떤 기분이었어?"

4. 지루해질 때는 화제를 환기시켜라.

대화가 늘어질 때는 가볍게 톤을 바꿔 보자. 센스 있는 화제

전환이 새로운 흐름을 만든다. 무거운 주제 대신 누구나 공감할 수 있는 가벼운 이야기로 대화를 환기 시키자.

"이번 주말에 벚꽃 축제 열린대. 벚꽃 축제에 가 본 적 있어?"
"혹시 요즘 영화 중에 추천할 만한 거 있어?"

대화는 연결이다. 눈빛 하나, 고개 끄덕임 하나가 닿는 순간 우리는 서로의 세상에 한 걸음 더 다가선다. 인간의 뇌는 타인과 연결될 때 긍정적인 신호를 보낸다. 마음이 맞는 사람과 대화할 때 느끼는 즐거움은 뇌가 만들어 내는 보상 시스템 덕분이다. 이로 인해 신뢰가 쌓이고, 관계가 깊어진다.

💬 **체크 포인트**
대화를 억지로 끌고 가려고 하지 말자. 자연스럽게, 마치 공을 주고받듯 상대를 향해 열린 마음을 건네자. 그것이 진짜 대화의 흐름을 주도하는 방법이다.

19

상대가 신이 나서
말하도록 물음표를 던져라

확장 질문 법칙

누구나 어색한 첫 만남에서 아무 말이나 던졌다가 후회한 적이 있을 것이다. 무슨 말이라도 해야 할 것 같아 분위기와 전혀 상관없는 질문을 던졌다가 상대의 '네…'라는 얼떨떨한 대답에 대화가 더 어색해진다. 하지만 어색할수록 말을 줄이고, 듣는 데 집중해야 한다. 그 시작은 가볍고 진심 어린 질문이다.

데일 카네기는 이렇게 말했다.

"성공적인 대화의 비결은 상대가 말하도록 하는 것이다."

호감 가는 사람은
호기심 어린 눈빛으로 말을 건다

우리는 때때로 이미 잘 알고 있다고 생각하는 사람들과의 대화를 더 소홀히 하곤 한다. 가족, 친구, 동료, 심지어 더 친해지고 싶은 상사와의 대화조차 의례적이고 형식적으로 흐르기 쉽다. 관계를 깊이 있게 만들고 싶다면 상대의 이야기에 귀 기울이며 질문으로 관심을 표현하는 것이 중요하다.

흥미롭게도 수백만 원에서 수천만 원에 이르는 일등석을 이용하는 승객도 질문을 자주 활용한다. 17년간 퍼스트 클래스 객실을 담당했던 승무원에 따르면 성공한 사람들은 화려한 말솜씨보다 "아, 그랬군요. 그래서 어떻게 됐나요?" 같은 공감 어린 피드백과 열린 질문으로 상대를 사로잡는다. 호기심 어린 질문은 첫 만남에서 호감을 주는 가장 강력한 대화 기술이다.

뉴욕 스토니브룩대학교 심리학 교수 아서 애런은 1997년에 36가지 질문을 통해 친밀감에 대한 실험을 했다. 연구에서는 참가자들이 서로에게 점점 더 깊이 있는 질문을 던지는 방식으로 대화를 진행했다.

"저녁 식사에 초대할 사람을 고른다면 누구를 고르겠어요?"
"진정한 우정에 가장 필요한 것은 무엇이라고 생각하나요?"
"가장 부끄러웠던 경험은 무엇이었나요?"

이렇게 가벼운 질문에서 점차 내면을 들여다보는 질문으로 이어졌다. 참가자들은 모두 실험을 마친 후 상대에게 강한 유대감을 느꼈다고 한다. 이 연구는 칼럼니스트 맨디 렌 캐트론이 2015년 〈뉴욕 타임스〉에 에세이를 발표하며 다시 주목받았는데, 캐트론은 이 36가지 질문을 통해 실제로 사랑에 빠졌다고 한다.

이 실험이 전하는 핵심 메시지는 분명하다. 호감을 주는 대화는 내가 얼마나 말을 잘하느냐보다 상대가 스스로 말하고 싶도록 '좋은 질문'을 던지는 데 있다.

상대의 입과 마음을 여는
확장 질문법

이런 방식의 질문을 '대화 확장 질문법'이라 부른다. 단순한 정보 교환을 넘어 상대가 편안하게 자신의 경험을 풀어낼 수 있도록 돕는 질문 기술이다. 중요한 것은 묻는 행위가 아니라 상대방이 자신의 경험과 감정을 자유롭게 이야기할 수 있는 분위기를 만드는 것이다.

대화 확장 질문법의 핵심은 3단계다.

1. 상대방의 말을 경청한다.
2. 그 안의 흥미로운 지점을 잡는다.
3. 추가 질문으로 자연스럽게 대화를 이어 간다.

정답을 요구하거나 압박하지 않고 질문을 통해 '당신의 이야기를 더 듣고 싶어요' 같은 메시지를 전한다. 그럼 상대는 부담 없이 마음을 열고, 대화는 더욱 깊어진다.

다양한 상황에서 이 질문법을 활용하는 예시를 살펴보자.

- 소개팅 상황에서.

A: "해외 출장을 자주 가신다고 들었어요. 어디가 가장 기억에 남으세요?"

B: "싱가포르 출장 때예요. 현지 파트너 회사와 협업할 기회가 있었거든요."

A: "아, 그랬군요. 협업은 어떻게 진행됐나요?"

B: "처음에 조율이 쉽지 않았어요. 서로 일하는 방식이 달라서 시간이 좀 걸렸죠."

A: "오, 그래서 어떻게 해결하셨어요?"

• 비즈니스 미팅 상황에서.

A: "○○ 님은 어떤 업무를 담당하세요?"

B: "저는 마케팅 전략을 담당하고 있습니다."

A: "마케팅 전략이요? 어떤 작업이 가장 기억에 남으세요?"

B: "작년에 진행한 SNS 캠페인에 대한 반응이 좋았어요."

A: "SNS 캠페인이라니 흥미롭네요. 어떤 전략을 사용하셨어요?"

• 면접 상황에서.

면접관: "저희 팀은 웨어러블 디바이스 디자인 프로젝트를 진행할 예정입니다. 유사한 경험이 있나요?"

면접자: "네, 스마트 워치 프로젝트에서 UX 디자이너로 참여했습니다. 혹시 저에게 어떤 역할을 기대하시나요?"

면접관: "사용자 리서치부터 초기 콘셉트 디자인까지 이끌어 주셨으면 합니다."

면접자: "아, 리서치부터 관여할 수 있다니 기대가 됩니다. 팀

내에서 디자인 과정은 주로 어떻게 진행하시나요?"

면접자가 질문하는 것, 참신하지 않은가? 나는 많은 면접 자리에서 이 질문법을 잘 활용했다. 면접관에게 질문을 던짐으로써 내 태도와 진정성을 강하게 전달할 수 있었고, 결국 이직할 때 좋은 결과로 이어졌다.

내 아이들이 눈을 반짝이며 학교에서 있었던 이야기를 시작하면 나는 "오, 정말? 그래서 어떻게 됐어?"라는 대답으로 대화를 이어 간다. 대화 확장 질문법은 첫 만남뿐만 아니라 가까운 사람들과 대화할 때도 큰 도움이 된다. 오늘부터 처음 만나는 사람에게, 오랜 인연에게, 직장 동료에게 호기심 어린 질문을 건네 보자.

💬 체크 포인트
좋은 질문 하나가 새로운 기회를 만들고, 관계를 더 깊고 단단하게 성장시킬 수 있다.

20

책임을 묻는 질문에서
부담을 더는 질문으로

책임 수용 법칙

"소장님, 이 건물 외관 디자인에 대해서 추가 의견이 있으신가요?"

"음…. 알아서 잘해 봐."

건축 설계사인 A는 순간 머릿속이 하얘졌다. 분명 조언을 구했는데, 돌아온 것은 무심한 한마디였다. 의견은커녕 책임도 회피당한 느낌이었다. 존중받지 못한다는 서운함도 스쳤다. 결국 머리를 쥐어짜며 아이디어를 냈지만, 마음 한구석에 남은 찜찜함은 쉽게 가라앉지 않았다.

A는 상사나 동료가 이렇게 애매하게 대답할 때마다 답답함

이 커졌고, 그들의 태도가 이해되지 않았다.

'왜 저렇게 말할까?'

모호한 대답보다
솔직한 대답이 낫다

심리학자 앨버트 반두라는 '자기 효능감'이라는 개념을 소개했다. 자기 효능감은 단순한 자신감이 아니다. '내가 이 일을 성공적으로 해낼 수 있다'는 기대감과 믿음을 말한다. 이 믿음이 약한 사람은 스트레스 상황에서 쉽게 주저앉는다.

'괜히 나섰다가 틀리면 어쩌지?'
'내 말이 도움 안 되면 어떡하지?'

이런 두려움은 결국 모호한 대답으로 흘러나오기 마련이다. "그냥 ○○ 님이 알아서 하세요" 같은 모호한 대답으로 이어진다. 스스로를 믿지 못할 때 책임지는 말을 피하게 된다.

사람들이 모호한 대답을 하는 이유는 한 가지가 아니다. 정말 몰라서, 무관심해서, 말재주가 없어서 혹은 관계를 깰까 봐 두려워서 말을 흐리는 경우도 있다. 특히 사람들은 상대가 예민해 보이거나 주제가 민감할 때 솔직함 대신 조심스러움을 택하고는 한다. 애매한 대답은 때로는 두려움이고, 때로는 서툰 배려다.

그러나 애매한 대답 한마디가 남기는 여운은 생각보다 깊다. 애매한 대답을 들은 상대는 순간 멈칫하며 고민한다.

'무슨 뜻이지?'
'내가 혼자 책임져야 하나?'

문제는 단순히 말의 모호함이 아니다. 그 속에서 느껴지는 무관심이나 거리감이 더 큰 상처가 된다.

이런 상황은 심리학의 '귀인 이론'으로 설명할 수 있다. 귀인 이론은 자신이나 다른 사람들의 행동 원인을 찾아내기 위해 추론하는 과정을 설명한다. 사람들은 누군가의 애매한 반응을 보며 본능적으로 해석하려 한다. 그리고 그 해석은 대개 긍정보다 부정으로 기울어지기 쉽다. 모호한 대답은 이런 부정적 해석을 부추긴다. '그 말이 그런 뜻이었어?'라는 오해가 쌓이면 신뢰는 소리 없이 무너진다. 그렇다면 어떻게 대답해야 상대의 신뢰를 얻을까?

신뢰를 주는 대답의 핵심 요소는 명확성, 공감 그리고 일관성이다. 사람들은 불분명한 대답이나 회피하는 반응에 대해 신뢰를 잃는다. 반면 명확한 방향을 제시하고, 상대방의 감정을 존중하며, 일관성 있는 태도를 보이는 사람에게 신뢰를 느낀다.

여러 상황에서 모호한 대답 대신 할 수 있는 명확한 대답의 예시를 살펴보자.

- **확신이 없을 때.**

"글쎄, 아마도?"
→ "정확하지는 않지만, 내가 아는 선에서 설명해 볼게요."

- **책임이 두려울 때.**

"그냥 알아서 해."
→ "이 방법이 좋을 것 같은데 어떻게 생각하세요?"

- **나를 지키고 싶을 때.**

"왜 그런 걸 물어봐?"

→ "궁금한 이유가 있을 것 같은데, 설명해 줄 수 있어요?"

· 예측이 불가능할 때.

"그건 상황 봐서."

→ "지금 상황을 고려하면 A 안이 좋겠어요."

좋은 대답은 정답을 말하는 것이 아니다. 상대의 질문에서 숨은 욕구를 읽어 내고, 그 질문에 진정성 있게 답하는 것이다.

내가 하는 말에
진심과 책임을 담을 것

한 남편은 아내의 질문에 항상 이렇게 대답한다.

"첫째는 학원을 하나 더 다녀야 할 것 같아."
"글쎄…."

"어머니 생신 선물은 뭐가 좋을까?"
"잘 모르겠는데…."

아내는 남편과 집안의 대소사를 의논할 수가 없었다. 처음에는 남편의 무관심에 서운함을 느꼈다. 그리고 시간이 지나면서 아내는 뭐든 혼자 결정해야 하는 외로움, 말을 해도 소용이 없다는 무력감, 함께 사는데도 멀리 있는 듯한 거리감이 점점 쌓여 갔다.

남편의 문제는 대답의 내용이 아니다. 그 안에 빠져 버린 관심, 책임 그리고 연결감이다. 신뢰는 거창한 말이나 특별한 행동을 했다고 쌓이는 것이 아니다. 오히려 가장 평범한 순간 무심히 던진 한마디에 의해 서서히 쌓이기도 하고, 쉽게 무너져 내리기도 한다.

상대의 애매한 대답을 듣고 답답함을 느꼈다면 대화의 판을 바꿔 보자. 모호함을 꼬집기보다 명확한 대답을 자연스럽게 끌어내고, 책임을 묻기보다 상대의 부담을 덜어 주는 질문을 던지자.

"아직 아이디어 단계니까 편하게 생각나는 대로 말씀해 주세요."
"그렇게 말하면 조금 헷갈려. 당신 의견을 말해 줄래?"
"그냥 넘기지 말고 너의 속마음을 말해 줘. 궁금해서 그래."

직장 생활을 하던 시절, 늘 모호하게 대답하는 상사와 동료들이 있었다. 빠른 결정과 실행을 원했던 나는 답답했고 그들이 무책임하다고 생각했다. 그러나 시간이 지나고 나서야 알게 됐다. 그들은 단지 더 많은 시간이 필요했던 것임을.

물론 책임을 피하려는 의도로 애매하게 말하는 사람도 있었다. 그런 사람과 함께 일하는 것은 정말 곤혹스러운 일이다. 하지만 중요한 것은 그 책임감을 내가 대신 짊어질 수도, 억지로 심어 줄 수도 없다는 사실이다.

그래서 우리에게는 '말의 기술'이 필요하다. 책임을 떠안지 않고도 상대의 말에서 실마리를 찾고, 대화를 명확하게 이끌 수 있는 힘. 무엇보다 중요한 것은 내가 던지는 말에 진심과 책임을 담는 태도다. 말은 흘러가지만, 태도는 남는다. 신뢰는 그 태도에서 시작된다.

💬 체크 포인트

사람들은 책임을 회피하기 위해 모호한 대답을 하는 경우가 많다. 모호한 대답에 상처받고 싶지 않다면 책임을 묻는 질문에서 부담을 덜어 주는 질문으로 바꿔 보자.

21

듣기와 말하기에도
황금 비율이 있다

경청의 법칙

"함께 있으면 아우라가 느껴질 만큼 대화 기술이 뛰어난 동료가 있어요. 저도 그 동료처럼 말을 잘하고 싶은데, 어떻게 하면 될까요?"

말하기 수업을 듣던 한 수강생의 질문이었다. 그가 말한 '아우라의 정체'는 무엇이었을까? 알고 보니 그 동료는 말을 잘하는 사람이라기보다 먼저 '귀 기울여 듣는 사람'이었다.

대부분은 말을 잘하는 것이 사람을 매력적으로 만든다고 믿지만, 사실 사람을 끌어당기는 힘은 경청에서 나온다. 나 역시 라디오나 방송에 출연할 때 진행자의 탁월한 경청 덕분에 긴장하지 않고 몰입한 적이 많다. 처음 만난 사람과의 대화가 기억에 남는 순간도 상대가 내 이야기를 진심으로 들어줄 때다. 말보다 더 큰 힘을 가진 것은 나에게 '집중된 관심'이다.

지금 이 순간, "경청이 그렇게까지 중요해?" 하고 반문하는 사람은 없을 것이다. 우리는 누군가 내 이야기를 들어 줄 때 어떤 기분인지 이미 잘 알고 있다. 그렇다면 의문이 남는다. 왜 똑같이 경청해도 어떤 사람은 강한 존재감을 남기고 어떤 사람은 그렇지 못할까?

말하지 않고도 존재감을 남기는 듣기 기술 5가지

존재감의 차이는 경청의 방식에서 비롯된다. 대부분의 사람은 '수동적 듣기'를 한다. 말을 듣기는 하지만 반응이 없거나 형식적으로 끄덕일 뿐이다. 하지만 진짜 존재감을 주는 대화는 '능동적 듣기'에서 나온다.

진심으로 들어 주는 사람과는 공기가 다르다. 그 여운은 대화가 끝난 뒤에도 오래 남는다. 적극적으로 경청하는 사람들은 무엇이 다를까?

- 상대에게 '주의'를 기울인다.

경청의 첫걸음은 집중이다. 눈을 맞추고, 자세를 기울이며 오롯이 단 한 사람에게 집중한다. 스마트폰을 보거나 주변을 두리번거리는 순간 상대에게는 '나는 지금 당신보다 다른 게 더 중요해요'라는 무언의 메시지가 전달된다.

예를 들어, 호텔 프런트 매니저가 고객에게 불편 사항을 들어야 한다면 컴퓨터 화면에서 눈을 떼고 고객 쪽으로 몸을 기울일 때 경청이 시작된다.

- 감정을 반영하며 '공감'한다.

고개를 끄덕이는 동작 하나, 미소 한 번에도 공감은 전달된다. 경청은 머리로 듣는 게 아니라 마음으로 듣는 태도다.

가령 면접 지원자가 긴장한 목소리로 자기소개를 시작할 때 면접관이 살짝 미소를 지으며 고개를 끄덕이는 것만으로도 지원자의 긴장이 누그러진다.

- 말보다 '침묵'이 깊다.

상대가 말을 끝내기도 전에 끼어들면 상대는 더 이상 말하고 싶지 않다. 적절한 침묵은 상대가 스스로 생각을 정리하고 감정을 털어 낼 공간이 된다.

예를 들어, 중학교 담임 교사가 상담 중 학생이 "사실 잘 모르겠어요…"라고 말끝을 흐릴 때 서두르지 않고 조용히 기다려 주면 학생은 스스로 고민을 꺼내기 시작한다.

- **조언보다 '이해'하는 태도를 보인다.**

해결책을 바로 제시하기보다 상대방이 스스로 정리할 수 있도록 도와준다.

예를 들어, 신입 사원이 망설이며 상사에게 기획 아이디어를 설명할 때 "내가 보기에는 이렇게 하는 게 나을 것 같아요"보다 "어느 방향이 더 끌려요?"라고 물어 스스로 방향을 찾도록 돕는다.

- **듣기와 말하기의 '균형'을 안다.**

무조건 많이 듣는다고 좋은 것도, 계속 말한다고 대화가 깊어지는 것도 아니다. 상황에 따라 적절히 조율하는 감각이 필요하다.

상대가 고민을 이야기할 때 → 듣기 80% 이상
회의나 협상 자리 → 듣기 60%, 말하기 40%
내 경험을 공유할 때 → 듣기 50%, 말하기 50%

경청은 침묵 속에 흘러가는 기술이지만 그 안에는 관심, 존중, 감정의 조율이 오롯이 담겨 있다.

경청은 거대한 조직도 변화시킨다

경청의 태도가 한 개인의 매력이나 성과를 넘어서 조직 전체를 바꾼 사례가 있다. 한때 IT 업계의 거인으로 군림했지만, 성장이 주춤했던 마이크로소프트는 클라우드를 넘어 인공 지능 분야의 선두로 우뚝 섰다. 그 변화의 중심에 CEO인 사티아 나델라가 있는데, 그의 공감 리더십은 주목할 만하다. 그는 CEO로 지내는 처음 몇 달 동안 직위나 소속을 가리지 않고 누구에게나 귀를 기울였으며, 익명으로 의견을 공유할 수 있도록 포커스 그룹을 꾸리기도 했다고 한다. 진심으로 듣는 리더십이 조직을 변화시키는 강력한 에너지가 된 것이다.

듣는 태도는 화려하지 않다. 쉽게 드러나지도 않고, 뛰어난 기술처럼 보이지도 않지만 진심으로 듣는 사람은 큰 영향력을 발휘한다. 게다가 경청은 개인의 매력을 돋보이게 한다. 가정에서는 부모와 자녀 사이의 벽을 허무는 다리가 되고, 연인 관계에서는 갈등을 막는 방패가 된다. 특히 조직에서는 신뢰를 만드는 리더십이 되며 조직의 침묵을 대화로, 대화는 변화로 이끄는 힘이 된다. 경청은 생각만큼 쉽지 않다. 그렇기에 그 결과는 더 값지다.

💬 **체크 포인트**

대화하며 '무엇을 말할까'보다 '어떻게 들을까'를 먼저 떠올려 보자. 진심으로 귀 기울이는 그 순간 당신의 존재 자체가 아우라를 만들어 낼 것이다.

22

호감을 주고 싶다면
리액션 부자가 돼라

호응의 법칙

경상도 사람들의 독특한 말 습관 중 하나는 "맞나?"라는 리액션이다. 경상도 사람들은 "맞나?", "맞나!", "맞나…"로 놀람, 공감, 아쉬움, 흥미, 감탄까지 표현한다.

"어제 회사에서 상사한테 칭찬받았잖아."
"맞나? 뭔데 칭찬까지 받았노?"

'맞나?'라는 말 한마디가 대화의 리듬을 살린다. 경상도에서 유년 시절을 보낸 나는 '맞나 리액션'을 지금도 잘 써먹는다. '맞나?'라는 사투리 대신 "정말?", "진짜?" 같은 말로 바뀌었을 뿐이다. 그렇게 내 안에 스며든 리액션 습관은 사람들과의 관계에서 적잖은 힘을 발휘했다.

리액션이 살아나면
끊긴 대화가 이어진다

리액션이란 잘 들어 주고, 잘 반응해 주는 것이다. 리액션을 잘하는 사람과 대화하면 누구나 이런 느낌을 받는다.

'내 이야기가 가치 있구나.'
'이 사람 앞에서는 마음을 열어도 괜찮겠구나.'

이런 믿음이 한번 들기 시작하면 그 사람의 말문이 열린다. 자신도 모르게 속마음까지 술술 흘러나온다. 같은 대화라도 리액션 하나로 분위기는 완전히 달라진다.
예시를 통해 그 차이를 살펴보자.

• 리액션이 부족한 대화.
A: "상반기 보고서 다 작성했어."

B: "그렇구나."

• 리액션이 살아 있는 대화.
A: "상반기 보고서 다 작성했어."
B: "오, 고생 많았네. 할 만했어?"
A: "생각보다 정리할 게 많아서 좀 힘들었어. 특히 예산 부분 맞추는 게 까다롭더라고."
B: "그랬구나. 그래도 잘 마무리했다니 다행이다. 보고는 언제야?"

리액션이 없으면 대화가 끊기고 어색한 정적이 흐른다. 반대로 리액션이 살아 있으면 대화가 자연스럽게 이어지고, 분위기도 훨씬 부드러워진다. 짧은 한두 마디 리액션만으로도 대화를 주도할 수 있다.

매칭 시스템을 통해 결혼할 상대를 찾는 한 예능 프로그램이 있다. 60명의 남녀가 짧은 시간 안에 이상형을 찾기 위해 고군분투한다. 자신의 매력을 보여 주고, 상대와 교감하기 위해 다양한 시도를 하는 모습이 꽤 흥미로웠다.

그중 안타까웠던 장면은 스펙도 좋고 외모도 뛰어난 사람이 정작 자신의 매력을 제대로 전달하지 못하는 순간이었다. 속마음을 자연스럽게 표현하지 못하거나 속사포처럼 질문을 쏟아 내며 상대를 불편하게 만들었다.

반면 첫인상은 평범했지만 대화를 이어 갈수록 호감을 사는 사람도 있었다. 상대의 말에 밝게 웃어 주고, 적절한 감탄사와 공감의 말로 반응해 주는 태도가 매력적으로 느껴졌다.

좋은 리액션의 4가지 원칙

대화가 정보 전달에 그치면 지루해지기 쉽다. 리액션이 바로 그 지루함을 깨는 장치다. 리액션은 단순히 "응", "아, 그래?" 같은 피상적인 반응이 아니라 상대방이 이야기할 맛이 나도록 적극적으로 반응하는 기술이다.

좋은 리액션의 원칙은 다음 4가지이다.

- **관심을 표현하는 감탄사를 사용한다.**

"와!", "정말?"과 같은 감탄사는 대화에 생기를 불어넣는다.

- 상대방의 이야기에 짧은 질문으로 반응한다.

단순한 대답에 그치지 않고 "그래서?", "왜?"처럼 자연스럽게 다음 이야기를 끌어낸다.

- 상대의 감정을 반영하는 피드백을 준다.

"정말 좋았겠다!", "진짜 힘들었겠네" 등 상대방의 감정을 공감하고 인정한다.

- 비언어 신호를 전달한다.

고개 끄덕이기, 눈 맞춤, 미소, 적절한 손짓을 통해 상대가 관심받고 있다고 느끼게 한다.

사람들이 리액션을 할 때 흔히 하는 실수가 있다. 상대의 말을 듣자마자 "나도 그런 적 있어!"같이 '나는'으로 시작하는 것이다. 그러나 그것은 리액션이 아니라 대화의 주도권을 빼앗는 끼어들기다.

나는 강의를 할 때 마음속으로 이런 바람을 품는다.

'공감되면 고개를 끄덕여 주세요. 이해가 안 되면 고개를 갸

웃해 주세요. 웃긴 이야기에는 맘껏 웃어 주셔도 좋습니다.'

리액션을 강요할 수는 없지만, 대화를 살아 숨 쉬게 만드는 것은 바로 이런 작은 표현들이다. 눈을 반짝이며 리액션을 해 주는 사람들이 있을 때는 2시간을 쉬지 않고 강의해도 전혀 피곤하지 않다.

리액션은 내가 아니라 상대가 기준이다. '내가 무슨 말을 해야 할까'보다 '이 사람의 마음은 지금 어디쯤일까'를 먼저 헤아리는 것. 그 따뜻한 관심이 대화를 살리고, 결국 나를 돋보이게 만든다.

💬 체크 포인트

리액션 하나만으로 어색했던 대화가 술술 풀리고, 지루했던 대화가 흥미로워진다. 무심한 대답이나 건조한 질문 대신 표정이 깃든 리액션을 연습해 보자.

23

대화 끝에 남는 것은
내용이 아니라 표정이다

표정의 법칙

"그 사람 어땠어?"
"웃는 모습이 참 좋았어."

누군가를 처음 만났을 때 오래 기억에 남는 것은 무엇일까? 옷차림도, 목소리도 아닌 표정이다. 인상을 좌우하는 것은 생김새보다 '느낌'이고, 그 느낌은 '표정'에서 시작된다. 따뜻하게 웃는 얼굴, 공감할 때 부드럽게 움직이는 눈썹 같은 미세한 표정들이 모여 '좋은 사람'이라는 이미지를 만든다.

다행히도 표정은 타고나는 게 아니다. 지금 이 순간부터 누구나 바꿀 수 있다. 기회는 좋은 얼굴보다 '좋은 표정'을 가진 사람에게 더 자주 찾아온다.

오해를 부르는 표정
호감을 부르는 표정

만약 당신이 "너 화났어?", "무슨 일 있어 보여" 같은 말을 자주 듣는다면 표정에 문제가 있을 수 있다. 다음의 두 유형을 통해 자신의 표정이 어디에 해당하는지 점검해 보자.

- 얼음 표정형.

기쁘든 슬프든 늘 같은 표정을 짓고, 감정 표현 자체가 차단된 상태다. 표정 근육을 거의 사용하지 않기 때문에 "감정이 없어 보인다", "로봇 같다"라는 말을 자주 듣는다. 이 유형은 감정을 드러내는 '얼굴 근육 사용법'부터 익혀야 한다.

- 표정 오작동형.

이 유형은 자신의 기분은 괜찮은데 화난 것처럼 보인다는 말을 들을 때가 많다. 감정과 표정이 동기화가 되지 않아 잘못된 신호를 보내는 것이다. 웃고 있는데 "억지로 웃는 것 같아"

라거나, 영상 속 자신의 표정이 낯설게 느껴진다면 이 유형일 가능성이 높다.

이와는 반대로 주변에서 "기분 좋아 보여요", "인상이 참 좋아요"라는 말을 자주 듣는다면 '표정력 상급자'다. 말과 표정이 자연스럽게 조화를 이루며, 상대에게 따뜻한 인상과 신뢰감을 동시에 주는 사람이다.

당신의 표정은 어떤 이야기를 하고 있는가? 표정은 말보다 먼저 도착하는 메시지다. 아무리 좋은 말을 해도 표정이 딱딱하면 진심이 닿지 않는다. 반대로 따뜻한 표정 하나만으로도 관계의 문은 열린다.

좋은 표정은 좋은 첫인상을 만든다. 면접에서는 높은 점수를 부르고, 직장에서는 '함께 일하고 싶은 사람'이 된다. 업무 능력이 비슷하면 프로젝트에 먼저 불리는 사람은 표정이 따뜻한 사람이다. 이직이나 승진의 기회도 자연스럽게 따라온다.

따뜻한 표정은 새로운 모임이나 소개팅에서는 다시 만나고 싶은 사람으로 만들고, 결혼 후에는 표정이 부부 사이의 대화의 공기를 부드럽게 바꾸는 언어가 되기도 한다. 아이들 역시 매일 마주하는 부모의 얼굴을 통해 세상을 배운다. 밝은 얼굴을 본 아이는 세상을 안전한 곳으로 느끼고, 사람을 더 잘 신뢰한다.

놀랍게도 이런 표정의 힘은 단지 감정적인 차원을 넘어 뇌의 작동 방식에도 깊게 연결돼 있다. 우리 뇌에는 '거울 신경 세포'가 있어 상대의 표정과 감정을 무의식적으로 따라 한다. 하루하루 쌓이는 이 미세한 교감이 결국 관계의 신뢰를 만든다. 사람들은 따뜻한 표정을 짓는 사람에게 끌리고, 그 사람과 함께하고 싶다. 이 끌림은 단순한 감정이 아니라 인간관계, 사회생활, 커리어 전반에 이점이다.

성형 수술만큼 강력한 표정의 힘

영국의 사회학자 캐서린 하킴은 표정의 힘을 '매력 자본'이라고 정의했다. 매력 자본은 타고난 외모가 아니라 표정, 말투, 유머, 태도, 패션, 감정 표현처럼 일상에 스며 있는 매력의 합이다. 하킴은 말한다.

"매력은 인맥만큼이나 강력한 자산이다."

실제로 매력적인 사람들은 평균 15% 정도 더 높은 소득을 올린다.

좋은 표정 하나만으로도 우리는 매력을 키울 수 있다. 이목구비를 바꾸려면 시간과 비용이 들지만 표정은 그렇지 않다. 오늘부터, 아니 지금 당장 시작할 수 있다.

우선 말을 시작하기 전에 표정 먼저 준비하자. 면접, 발표, 소개팅, 회의, 모임 등 상황은 달라도 원리는 같다. 입을 열기 전에 얼굴이 먼저 말하고 있다는 것을 잊지 말자.

다음은 감정을 표현하는 연습을 하자. 기쁘면 웃고, 놀라면 눈이 커지고, 안타까우면 눈썹이 찌푸려진다. 이런 자연스러운 감정 반응은 대화의 몰입감과 진정성을 높인다.

마지막으로 '미소 근육'을 단련하자. 습관처럼 입꼬리를 약간 올리는 연습만 해도 인상이 훨씬 부드러워진다. 거울 앞에서 하루 1분만 연습하면, 매력 자본이 1포인트가 올라간다.

세상을 찬찬히 들여다보면 알 수 있다. 어떤 분야에서든 성공한 사람들은 하나같이 부드럽고 편안한 표정을 짓고 있다. 깊은 주름이 있어도, 타고난 이목구비가 뛰어나지 않아도 그 얼굴에는 특유의 '빛남'이 있다. 사랑에 빠진 사람들이 갑자기

잘생겨 보이는 것도, 우울증을 이겨 낸 사람들이 환해 보이는 것도 이유는 같다. 표정이 바뀌었기 때문이다.

좋은 말도 무표정한 얼굴에서 나오면 설득력을 잃는다. 반면 짧은 한마디라도 따뜻한 표정과 함께 전해지면 그 말은 마음에 오래 남는다. 표정은 말보다 먼저 도착하는 메시지고, "나는 당신과 연결되고 싶어요"라는 비언어적 초대장이다. 처음에는 어색하더라도 반복하다 보면 어느 순간 표정이 먼저 말을 걸기 시작할 것이다.

💬 체크 포인트
대화를 시작할 때 말을 떠올리느라 굳은 얼굴 대신 따뜻한 미소로 먼저 마음을 열자. 그 순간 대화는 이미 절반쯤 성공한 것이다.

24

"괜찮아" 대신에
"사실은"이라고 말하라

표현의 법칙

A: "오늘 뭐 하고 싶어?"
B: "아무거나 괜찮아."
A: "진짜 아무거나?"
B: "응. 네가 정해."

이제 막 데이트를 시작한 연인 사이에서 흔히 나오는 대화다. B는 정말 아무거나 괜찮은 걸까? 사실은 영화를 보고 싶었거나 조용한 카페에서 이야기를 나누고 싶었을지도 모른다. 하지만 속마음을 말하지 않고 넘겨 버린다.

우리는 살아가며 이런 순간을 자주 겪는다. 직장에서, 학교에서, 가정에서 '말하고 싶었지만 그냥 참은 말들'이 하나둘 마음속에 쌓인다.

마음속 숨겨진 창을 열 때
관계는 더 깊어진다

우리는 왜 속마음을 드러내지 않고 참으며 살아갈까?

'이런 말 하면 예민하게 보일까 봐.'
'나만 불편한 거면 굳이 말을 꺼낼 필요 없잖아.'
'혹시 내가 이상한 사람처럼 보일까 봐.'

속마음을 꺼내는 게 어려운 이유는 단순하지 않다. 눈치를 보게 만드는 분위기, 상대의 반응에 대한 두려움 그리고 거절당할지도 모른다는 불안이 말을 마음속에 가둔다. 하지만 속마음은 말하지 않는다고 사라지지 않는다. 참고 넘긴 말은 감정으로 쌓이고, 어느 순간 불쑥 튀어나와 관계를 어색하게 만든다.

속마음을 말하지 않으면 상대는 절대 알 수 없다. 연인과 다투고 "괜찮아"라고 했지만, 속으로는 서운했다면? 상대는 문제를 풀 기회를 얻지 못한다. 직장에서 동료가 업무를 떠넘겼을 때 "내가 할게요"라고 했지만, 사실은 부담스러웠다면? 손해 보는 상황이 반복된다.

'이 정도는 참자' 하며 넘긴 감정들이 쌓이다 보면 '나는 중요하지 않나?'라는 생각이 들고, 자존감까지 흔든다. 마음의 창을 열어야 관계가 깊어진다.

심리학에는 '조하리의 창'이라는 흥미로운 이론이 있다. '나'와 '타인'의 인식을 기준으로, 관계에서 내가 어떤 모습으로 보이는지를 4가지 영역으로 나눈다.

- **열린 창.**
나도 알고, 타인도 아는 나의 모습이다.

- **숨겨진 창.**
나는 알고 있지만, 타인은 모르는 나의 모습이다.

- **보이지 않는 창.**
나는 모르지만, 타인은 알고 있는 나의 모습이다.

- 미지의 창.

나도 타인도 모르는 나의 모습이다.

이 중에서 우리가 주목해야 할 부분은 '숨겨진 창'이다. 속마음을 감추고, 하고 싶은 말을 삼키면 이 숨겨진 창은 점점 커지고, 상대와 나 사이의 거리도 멀어진다. 반대로 나의 감정과 생각을 조금씩 꺼내 보일 때 숨겨진 창은 줄어들고 '열린 창', 즉 공감과 이해의 영역이 넓어진다. 그만큼 관계는 깊어지고, 신뢰가 단단해진다.

결국 속마음을 말한다는 것은 단순히 내 감정을 툭 내뱉는 게 아니라 관계의 창을 '함께 여는 일'이다.

속마음을 자연스럽게 전하는 5가지 법칙

속마음을 표현한다고 해서 모든 게 내 뜻대로 흘러가지는 않는다. 하지만 표현하지 않으면, 아무 일도 일어나지 않는다. '거절당할까 봐' 주저하는 마음보다 더 중요한 것은 '내가 원하는 것을 말하지 않으면 절대 얻을 수 없다'는 사실을 아는 것이다. 속마음을 자연스럽게 말하는 5가지 법칙을 소개하겠다.

- **작은 것부터 말한다.**

"난 오늘 공원에 가고 싶어."

"저는 삼겹살보다 짜장면이 더 먹고 싶네요."

- **'나는'으로 시작하는 속마음을 말한다.**

"나는 이런 고민이 있어."

"저는 이 부분을 좀 이해해 주시면 좋겠어요."

- **완벽하게 말하려 하지 않는다.**

"이 말을 어떻게 해야 할지 모르겠지만, 솔직히 말하면…."

"제 생각을 조금 더 분명하게 말해 볼게요."

- **거절이나 반대 의견을 연습한다.**

"오늘은 그냥 집에서 쉬고 싶어."

"저는 좀 다르게 생각합니다. 제 의견은…."

- **말하고 상대방의 반응을 관찰한다.**

속마음을 표현할 때 너무 완벽한 반응을 기대하거나 상대가 어떻게 반응할지 미리 걱정하면 말문이 막힌다. 일단 솔직하게 말해 보고 상대의 반응을 자연스럽게 지켜보자. 예상보다 잘 받아들일 수도 있고, 다소 어색한 반응이 오더라도 대화의 기회가 생길 수 있다. 목표는 완벽한 결과가 아니라 '일단 말해 보는 것'이다.

말하기 수업을 오는 사람 중 많은 이가 속마음을 표현하는 걸 어려워한다. 고민이나 반대 의견뿐 아니라 칭찬이나 따뜻한 감정 표현조차 서툴다. 하지만 내가 질문을 던지면 말문이 트이기 시작한다. 왜 먼저 말하지 못할까?

이유는 단순하다. 표현하는 연습이 안 돼 있기 때문이다. 어떤 상황에 어떤 말을 해야 할지 모르니 말할 타이밍을 놓치고 결국 아무 말도 하지 못하는 것이다. '말하지 않아도 알아주겠지' 하는 기대는 말 그대로 기대일 뿐 변화를 만들지 못한다. 오히려 마음을 숨긴 채 남는 것은 섭섭함과 후회다.

처음에는 불편할 수 있다. 괜찮다. 사소하지만 솔직한 말부터 시작해 보자.

"고마워."
"오늘은 좀 힘들었어."

"멋지다."

이런 한마디가 내 마음을 전하고, 관계를 움직인다. 말하지 않은 마음은 아무도 모른다. 표현은 용기고, 그 용기가 사람을 더 가깝게 만든다.

💬 **체크 포인트**
사람들은 생각보다 솔직한 표현을 반긴다. 속마음을 나눌수록 오해는 줄어들고, 관계는 깊어진다.

4장

나의 가치를 올리는 당당한 대화법

강강약개 법칙부터 비즈니스 대화의 법칙까지

25

나는 어떤 말에 빛이 나고 어떤 말에 발목을 잡힐까?

강강약개 법칙

나에게 말을 잘하고 싶다고 찾아오는 직장인 중 상당수는 자신의 강점과 약점을 제대로 알지 못한다. 대부분의 사람은 단순히 "나는 말을 못 해요"라고 단정 짓고 위축돼 있다. 그런데 대화를 나눠 보면 이미 경청을 잘하거나, 중저음의 매력적인 목소리를 가졌거나, 차분하고 논리적으로 말하는 능력을 갖춘 경우가 많다. 문제는 자신의 강점은 보지 못한 채 약점에만 몰입한다는 것이다. 그렇게 자신감을 점점 잃으며 위축된 상태로 대화에 임한다.

사실 나 역시 그랬다. 몇 년 전, 방송 작가와 사전 전화 인터

뷰를 했다. 한 시간쯤 이야기를 나누다가 작가가 조심스럽게 말했다.

"말 속도가 너무 빨라요. 시청자가 생각할 여유가 필요하니 천천히 말씀해 주세요."

이 말을 들은 후 나는 모든 방송에서 말 속도를 의식하기 시작했다. '말이 너무 빠르면 어쩌나' 하는 걱정 때문에 긴장도도 덩달아 높아졌다. 하루는 방송 촬영을 마친 뒤 MC에게 물었다.

"오늘 제 말이 너무 빠르지 않았나요?"

MC는 웃으며 이렇게 답했다.

"전달력이 좋아서 전혀 빠르게 느껴지지 않았어요."

그 순간 나는 말 속도에 대한 불안에서 풀려날 수 있었다. 지금도 말 속도는 빠르지만, 이제는 그것을 단점이 아니라 조절 가능한 특성으로 받아들인다.

장점과 단점을 알아야
말하기에 자신감이 생긴다

심리학자 칼 로저스는 "자신을 있는 그대로 받아들일 때 새로운 경험에 더 열린 태도를 갖게 된다"라고 말했다. 단점을 인정하는 사람은 단점을 개선할 기회를 더 쉽게 만든다. 만약 완벽주의 성향 때문에 스트레스를 받는다면 그런 자신을 받아들일 때 실수를 허용하는 법을 배울 수 있는 것이다. 로저스는 이런 수용의 과정이 자신과 세상을 새롭게 이해하고, 더 유연하게 살아가는 힘이 된다고 말한다.

자기 자신을 있는 그대로 받아들여야 비로소 자신을 객관적으로 바라볼 수 있다. 말하기에 자신감이 없는 사람일수록 자신의 강점과 약점을 제대로 구분하려 하지 않는다. 말을 잘하고 대화를 잘하고 싶다면 먼저 장점과 단점을 구분하는 과정이 필요하다.

장점은 우리가 가진 고유의 특성이지만 그것을 어떻게 활용하느냐에 따라 무기가 될 수도, 아닐 수도 있다. 반대로 단점도 약점이 될 수 있지만, 인식하고 활용하면 보완할 수 있다. 강점과 약점은 단순한 특성이 아니라 비교에서 드러나는 요소다.

그렇다면 자신의 대화 강점과 약점을 어떻게 찾을 수 있을까? 가장 효과적인 방법은 '거울 관찰'과 '외부의 피드백'을 병행하는 것이다.

- **대화하는 모습을 녹음이나 영상으로 기록해 본다.**

목소리의 톤, 말 속도, 단어 선택, 제스처, 표정까지 모두 확인해 보면 무심코 지나쳤던 자신만의 강점과 약점이 자연스럽게 드러난다.

- **주변 사람에게 피드백을 받는다.**

신뢰할 수 있는 동료나 친구, 가족에게 자신의 대화 태도에 대한 솔직한 평가를 부탁하자. 의외로 좋은 피드백을 받을 수도 있다.

"내 목소리의 인상은 어때?"
"나와 대화할 때 좋은 점과 아쉬운 점을 하나씩 말해 줄래?"

- **중요한 대화를 마친 후에는 점검하는 습관을 들인다.**

한 걸음 더 나아가 회의 발표, 미팅, 면접 등의 중요한 대화 전후로 자신의 감정과 행동을 스스로 점검하는 습관을 들여

보자.

"이번 대화에서 내가 편안했던 순간과 불편했던 순간은 언제였지?"

"내가 말을 잘했다고 느낀 부분, 부족했다고 느낀 부분은 무엇이었나?"

이런 작은 기록과 누적된 피드백이 결국 나만의 데이터가 된다. 특히 약점에만 집중하지 말고, '내가 잘한 점'을 반드시 하나씩 찾아 기록해 두자. 강점은 발견할수록 성장의 자산이 된다. 이처럼 스스로의 대화 방식을 관찰하고, 객관적 피드백을 통해 강점과 약점을 파악하는 과정은 단순한 자기 평가를 넘어 '대화의 전략'을 세우는 첫걸음이 된다.

강점은 더 강하게 다듬고
약점은 개선하는 강강약개 전술

강점은 잘 활용하면 매력과 경쟁력이 되는 커뮤니케이션 자산이고, 약점은 인식하지 못하면 대화의 질을 떨어뜨릴 수 있는 요소다.

예시를 통해서 살펴보자. 한 사람이 다음과 같은 특징이 있다고 가정해 보자.

- **장점.**

중저음의 목소리, 분명한 발음, 밝은 표정, 적절한 제스처.

- **단점.**

빠른 말 속도.

- **강점.**

호소력 있는 목소리, 생동감 있는 전달력, 호감 가는 인상.

- **약점.**

한정된 시간에 과다한 정보 전달, 주의 집중 분산.

이 중 '빠른 말 속도'는 단점처럼 보이지만, 생동감 있게 전달할 수 있다는 점에서 강점이 될 수 있다. 반면 그로 인해 과다한 정보를 전달하고 듣는 사람들에게 피로감을 준다면 약점이 될 수 있다.

나는 이 전략을 '강강약개 전술'이라 부른다. 단점을 없애려 애쓰기보다 강점을 극대화하고 돋보이게 만드는 편이 훨씬 효과적이다. 스스로 '나는 말을 못 해'라는 생각이 들면 이렇게 물어보자.

"나는 정말 말을 못 하는 걸까? 아니면 내 강점을 놓치고 있는 걸까?"

많은 사람이 자기가 어떤 사람인지, 무엇을 원하는지 잘 모르는 채 산다. 그래서 남들이 정한 기준에 자신을 맞추려 하고, 스스로 위축된다. 하지만 '진짜 나'를 가장 잘 알아야 하는 사람은 나 자신이다. 누군가가 말해 주는 강점이 아니라 스스로 발견하고 키운 강점에서 진짜 자신감이 나온다.

타인을 바꾸는 일은 어렵다. 하지만 나를 바꾸는 일은 결심 하나로 시작된다. 사람들이 변화를 미루는 이유는 지금도 큰 문제가 없다고 느끼기 때문이다. 생각해 보자. 지금의 내 모습이 최선일까? 우리는 누구나 더 성장할 수 있는 가능성을 지닌 존재다.

내 말의 특성이 어떤 상황에서 빛나고, 어디서 발목을 잡는지를 아는 것이 중요하다. 자신을 객관적으로 바라볼 수 있다면 강점은 살리고 약점은 전략적으로 다듬을 수 있다.

💬 체크 포인트
단점을 붙잡고 주저앉기보다 강점을 살리며 변화에 도전해 보자. 변화와 성장의 끝에는 전혀 새로운 미래가 기다리고 있다. 지금의 내가 상상하지 못한 모습으로 말이다.

26

배울 점이 없는 대화라면
단호하게 끊어 내라

성장 대화의 법칙

    나는 특별한 스펙도, 인맥도 없었다. 오히려 경쟁자보다 늘 불리한 조건이었다. 그랬던 내가 이직 한 번으로 연봉을 두 배로 올리고, 자본과 경험 없이 시작한 사업에서 억대 연봉까지 이룰 수 있었던 비결 중 하나는 빠른 문제 해결력이었다.

    팀장으로 일할 때는 문제가 생기면 그 문제를 들으면서 동시에 그 문제를 가장 잘 해결할 사람에게 바로 전화하고는 했다. 사업을 할 때도 마찬가지였다. 내가 잘하는 것은 문제를 해결하는 사람이 누구인지 빠르게 떠올리고, 찾아가는 것이었다. 사람과 책은 늘 나의 백과사전이었다.

    지금은 다르다. 육아든, 교육이든, 업무든 대부분 챗GPT에게 묻는다. 그러나 아무리 사람처럼 말하는 AI가 곁에 있어도 감정을 나누는 것을 넘어 생각을 확장하고, 성장하게 만드는 대화는 결국 사람에게서 온다.

어떤 대화에서도
성장할 수 있는 5가지 법칙

- 질문으로 대화의 문을 열 것.

의미 있는 대화는 질문에서 시작된다. 일상적인 인사와 잡담을 넘어 고민하고 있는 주제, 배우고 싶은 영역 혹은 새로운 관점이 필요한 문제에 대해 상대에게 질문해 보자.

"실패를 경험했을 때 어떻게 극복하셨나요?"
"최근에 배운 것 중에서 추천하고 싶은 게 있나요?"

- 다른 관점에 마음을 열 것.

배울 점이 있는 사람, 나와 성향이 다른 사람, 다양한 경험을 가진 사람과의 대화가 사고를 유연하게 만든다. 익숙한 대화 상대만 고집하지 말고 새로운 환경과 낯선 배경의 사람들과 어울려 보자.

"그런 관점으로는 생각해 보지 못했네요. 더 자세히 말씀해 주실 수 있나요?"
"저와는 정반대 성향이신 것 같은데, 그래서 더 궁금해요."

• 대화의 목적을 스스로 설정할 것.
대화가 시작되기 전, '이번 만남에서 내가 얻고 싶은 것은 무엇인가?'를 스스로 정해 보자. 단순한 안부나 수다가 아니라 관계의 깊이, 구체적인 정보, 새로운 시각 등 정확한 목표가 있으면 대화는 결코 에너지 소모와 시간 낭비로 끝나지 않는다.

"요즘 가장 행복한 순간이 언제인가요?"
"새로운 기회를 만들고 싶은데, 저라면 어떻게 하시겠어요?"

• 대화가 끝난 후 반드시 '하나의 배움'을 남길 것.
상대와 상황에 상관없이 대화가 끝나면 자신에게 물어보자.

"이 대화에서 얻은 것은 무엇인가?"

후배와의 대화에서는 새로운 세대의 시각을, 동료와의 일상에서는 새로운 관점을, 심지어 불평을 늘어놓는 사람에게서도 반면교사의 교훈을 얻을 수 있다. 때로는 부정적 대화도 내 사고력을 키우는 연료가 된다.

- **나부터 긍정적인 변화를 시작할 것.**

성장하는 대화를 원한다면 내가 먼저 변화를 시도하자. 상대의 강점을 발견해 칭찬하고, 긍정적인 질문이나 새로운 주제로 분위기를 전환해 보자. 내 경험과 배움을 구체적으로 나누는 말 습관도 중요하다.

"얼마 전에 추천해 준 그 카페 갔는데 정말 좋더라고요. 저도 요즘 커피에 관심이 생겨서 좋은 카페를 찾아 다녀요."
"저는 지금 직장에서 더 배울 게 있는지부터 생각해 봤어요."

오늘 마주치는 사람과의 대화가
내일의 나를 결정한다

A: "요즘 진짜 힘들어. 게다가 부서까지 이동했어."

B: "이번에 부서 이동했어. 새로 배울 게 많겠지만 기대 돼."

같은 상황인데 말에 담긴 시선은 전혀 다르다. 우리는 평소 누구와 어떤 대화를 더 많이 나누고 있을까? 어떤 대화를 하느냐에 따라 사고방식, 감정, 행동이 형성된다. 부정적인 대화 속에 오래 머무르면 생각도 부정적으로 변한다. 무의미한 잡담만 반복하면 성장할 기회를 놓친다. 반면 나를 자극하고 배움을 주는 대화는 사고의 폭을 넓히고 성장으로 이끈다.

새로운 아이디어를 주는 사람, 더 나은 방향을 고민하는 사람, 나의 사고를 확장시키는 사람과 대화하면 나도 자연스럽게 변화하고 성장할 수밖에 없다.

내 삶에서 가장 깊고 따뜻한 대화를 나눈 사람을 꼽으라면 단연 아버지다. 딸 셋, 사위들 그리고 손주들까지 아버지는 늘 우리 곁에서 긍정과 희망을 말해 주셨다. 때로는 현실적인 조언으로 방향을 잡아 주시고, 때로는 아무 말 없이 들어 주며 마음을 다독여 주셨다. 팔순이 넘으신 지금도 여전히 그 자리에서 우리에게 힘이 돼 주신다.

'누구와 대화할 것인가?'

이 질문은 곧 '나는 어떤 사람이 될 것인가?'라는 질문과 연결된다. 부정적인 대화 속에 살면 부정적인 사람이 된다. 의미 있는 대화를 하면 삶이 긍정적으로 변화한다.

하지만 매일 마주치는 사람이 나를 끌어내리는 말을 할 때 어떻게 해야 할까? 관계를 무작정 끊기보다 대화의 거리를 조절해야 한다. 사람은 어떤 계기로 변하기도 하지만, 그 변화를 기다릴 힘이 없다면 확실하게 거리를 두는 편이 나를 지키는 길이다.

💬 체크 포인트

오늘 하루, 나와 가장 많은 대화를 나눈 사람을 떠올려 보자. 그 사람과의 대화가 나를 성장시키지 않는다면 과감히 그 대화에서 벗어날 용기를 내야 한다. 나의 성장은 결국 어떤 대화를 선택하는가에 달려 있다.

27

나를 낮추는 말 대신
나를 빛내는 말만 하라

소문의 법칙

"이번 달 매출 달성하느라 정말 수고 많았어요!"

회의가 끝난 후 팀장이 K 대리에게 말했다.

"아, 아닙니다. 저는 한 게 별로 없어요."

그 말을 하고 난 K 대리는 이상하게 허전했다. 분명 밤을 새우며 영업 전략을 짜고, 주말까지 영업한 결과인데, 왜 그는 자신의 성과를 스스로 가볍게 만들었을까?

내가 잘한 일은
내 입으로 소문 낼 것

"이번에는 운이 좋았어요."
"그냥 대충 했어요."
"다 팀원들이 잘해서 가능했던 거예요."

비슷한 상황에서 이런 말을 한 적이 있지 않은가? 겸손이 미덕이라고 배워 왔지만, 그렇다고 자신의 노력을 스스로 깎아내리는 것이 맞을까? 나를 낮추는 말을 습관처럼 하다 보면 다른 사람들도 나를 낮춰 보게 된다. 내 가치를 인정받고 싶고, 더 좋은 기회를 얻고 싶다면 내가 먼저 나를 빛내는 말을 해야 한다.

"말 한마디로 천 냥 빚을 갚는다"라는 속담이 있다. 하지만 내 가치를 낮추는 말 한마디는 오히려 내 인생에 천 냥의 빚을 지게 만들 수도 있다. 말 한마디로 연봉 상승이나 승진의 기회, 중요한 네트워크, 좋은 만남, 고객의 신뢰, 동료의 평판, 새로운 성장과 사업의 기회 그리고 인생의 결정적인 순간에 주어지는 값진 기회들을 잡거나 놓칠 수 있다.

"스스로에게 친절하세요. 그게 가장 중요합니다."

미국에서 가장 영향력 있는 여성이자 오프라 윈프리의 멘토인 마야 안젤라는 자신을 사랑하고 인생이라는 모험을 두려워하지 말라며 자기 주도적인 삶을 강조했다.

'나를 빛내는 말'이란 자신의 강점과 가치를 자연스럽고 당당하게 드러내는 말의 기술이다. 이는 자기 자랑이 아니라 겸손하게 자신감을 표현하는 방식이다.

나를 빛내기 위해서는 먼저 미소를 짓고, 내 이야기를 자신 있게 전해야 한다. 나의 강점, 이뤄 낸 성과, 극복해 낸 과정, 그리고 앞으로의 목표와 비전을 스스로 말할 줄 알아야 한다. 내가 나를 드러내지 않으면 아무도 내 가치를 대신 알아주지 않는다.

"운이 좋았어요."
→ "열심히 준비했더니 행운이 따랐어요."

"그냥 대충 했어요."
→ "짧은 시간 안에 최선을 다했어요."

"제가 한 것은 별로 없어요."
→ "팀워크가 좋아서 저도 기여할 수 있었어요."

나의 가치를 높이는
4가지 대화법

같은 경험이라도 어떻게 말하느냐에 따라 결과가 완전히 달라진다. 나의 가치를 드러내는 말은 더 많은 기회를 끌어당긴다. 어떻게 하면 나를 빛내는 말을 잘할 수 있을지 살펴보자.

- **성과 대신 성장과 배움을 표현한다.**

성과만을 부각하려 하지 말고, 그 과정을 통해 얻은 성장과 배움에 초점을 맞춰 보자. 자랑처럼 들리지 않고, 진정성과 신뢰를 함께 전달할 수 있다.

"이 프로젝트를 하면서 문제 해결 능력이 많이 향상됐어요."
"새로운 도전을 통해 많은 것을 배웠고, 다음에도 잘할 자신이 생겼어요."

- 자신을 가볍게 깎아내리지 않는다.

겸손과 자기 비하는 다르다. 나를 낮추는 말이 습관처럼 하면 사람들도 내 가치를 낮게 평가한다. 자신의 기여를 인정하고 필요한 만큼 드러내는 것이 건강한 자신감이다.

"어쩌다 보니 잘됐어요."
→ "노력한 만큼 좋은 결과가 나왔어요."

"다른 분들이 애쓰셨죠."
→ "함께해서 좋은 성과를 낼 수 있었어요."

- 긍정적인 언어를 선택한다.

스스로 부족하다고 말하면 자신감도 사라진다. 성장하는 사람은 부족함을 단점으로 보지 않고, 배움의 기회로 삼는다.

"저는 아직 부족해요."
→ "더 배우면서 성장하고 싶어요."

"이번 신제품 발표는 반응이 별로였어요."
→ "이번 신제품 발표에서 고객이 진짜 원하는 것이 무엇인

지 더 명확히 보였어요."

• **내 강점과 목표를 자신 있게 말한다.**

나의 능력은 행동으로 증명하고, 말로 설명해야 한다. 강점을 말하는 것은 자랑이 아니라 상대가 나를 제대로 이해할 수 있도록 돕는 과정이다.

"제 강점은 문제 해결 능력이에요. 빠르게 해결책을 찾는 것을 좋아해요."
"새로운 도전을 즐깁니다. 그래서 이번 기회가 기대돼요."
"주변 사람들에게 동기 부여를 하는 사람이 되고 싶어요."

직장 생활을 할 때 나는 이런 순진한 믿음을 갖고 있었다.

"열심히 하면 언젠가는 누군가 내 가치를 알아봐 주겠지."

밤샘 작업을 하고, 주말도 반납하며 남들보다 일찍 출근해 늦게 퇴근하는 내 모습을 보면 누군가는 당연히 알아줄 거라 생각했다. 내가 회사에 얼마나 헌신하고, 어떤 비전을 품고 있는지는 행동으로 충분히 전달될 거라 믿었다. 하지만 그것은 가장 큰 착각이었다.

　아무리 뛰어난 역량과 열정도 제대로 표현되지 않으면 묻히고 만다. 상사는 내 속마음을 알아 주는 친구가 아니고, 동료는 나에게 숨은 가능성을 알아채는 탐정이 아니다.

　그래서 나는 강의 때마다 직장인들에게 이 메시지를 강력하게 전한다. 자신을 어떻게 말하느냐에 따라 타인의 평가가 달라진다. 나를 빛내는 말을 하지 않으면 아무도 내 가치를 제대로 알아주지 않는다. 겸손하되 내 노력을 가볍게 만들지는 말자. 내가 먼저 나를 빛낼 때 사람들은 나를 인정하고 더 많은 기회를 준다.

💬 체크 포인트
나를 낮추는 말 대신 나를 빛내는 말을 하자. 내가 하는 말이 곧 나의 가치가 된다.

28

실패를 좌절로 끝내는 말, 실패를 기회로 만드는 말

재해석의 법칙

나는 크고 작은 실패를 수없이 겪었다. 가장 처참했던 실패는 대학 입시였고, 가장 긴 후유증은 첫 번째 사업이었다. 중학생 시절 친구의 배신으로 시작된 관계의 실패는 긴 시간을 지나 직장 동료와의 갈등, 가족과의 충돌로 이어졌다. 그 실패들은 우울과 불안을 몰고 왔고, 그럴 때마다 바닥을 헤맸다.

말을 잘 못해서, 대화를 제대로 하지 못해서 겪은 수많은 실패. 채용 면접에서 탈락했고, 발표는 엉망이었고, 아이에게는 하지 말아야 할 말을 쏟아 냈다. 일과 관계에서 실패했다고 느끼는 그 순간 나는 어떻게 했을까?

그 순간들은 버티는 것만으로도 벅찼다. 실패를 인정하기도, 누군가에게 털어놓기도 어려웠다. 실패가 무능력처럼 느껴졌고 상처를 들킬까 봐 두려워 침묵했다. 돌아보면 나를 더 힘들게 했던 것은 실패보다 그 실패를 감추려 했던 태도였다. 말하지 못한 실패는 내 안에 쌓였고, 회복은 더디기만 했다.

실패를 말할 때 비로소 성장이 시작된다

이것은 비단 나만의 이야기가 아니다. 실패 앞에서 말을 줄이는 것은 많은 사람의 본능적인 반응이다. 세계적인 리더십 전문가 에이미 에드먼슨 교수는 성장과 혁신은 실패를 말할 수 있는 환경에서 시작된다고 말한다. 그녀에 의하면 구성원들이 자신의 실수나 부족함을 숨기지 않고 드러내기 위해서는 '심리적 안정감'이 필요하다.

"이건 제 실수입니다."
"도움이 필요합니다."

이런 말이 거리낌 없이 오갈 수 있는 공간에서 비로소 실패는 낙인이 아닌 배움이 된다.

자신을 드러내는 이런 말은 자칫하면 나약함의 고백처럼 보일 수 있지만 분명 용기의 언어다. "제가 실수했어요"라는 말은 조직의 신뢰를 깎아내리기보다 팀의 투명성과 배움의 속도를 높인다. 그 한마디가 상대에게도 "나도 말해도 되겠구나"라는 신호가 되기 때문이다. 실패를 숨기면 교훈도, 성장도 없다. 하지만 실패를 말하면 거기서부터 배움이 시작된다.

"이번에는 잘 안됐지만, 그 덕분에 알게 된 게 있어요."
"다시 시도한다면 이렇게 해 볼 거예요."

이런 문장은 회피나 위로가 아니라 자기 성찰과 도약의 발판이다. 실패한 경험은 누구에게나 있지만, 그 실패를 어떻게 말하느냐는 전혀 다른 이야기다.

좌절을 성장으로
바꾸는 사람들의 공통점

실패를 성장으로 바꾸는 사람들의 말에는 몇 가지 공통점이 있다.

- 실패를 자책하며 감정에 휘둘리지 않는다.

실패의 원인을 찾고 눈을 미래로 돌린다. '이 경험에서 내가 무엇을 배웠는가?', '어떻게 하면 더 나아질 수 있을까?'를 고민하며 긍정적인 방향을 설정한다. 그리고 피드백을 회피하지 않는다. 많은 사람이 실패 후 방어적으로 변하거나 피드백을 회피한다. 그러나 성장을 선택하는 사람들은 실패를 통해 얻은 인사이트를 다음에 적극적으로 활용한다.

- 실패를 재해석해서 말한다.

같은 실패라도 어떤 프레임으로 바라보느냐에 따라 삶의 방향이 달라진다. 미국의 유명한 진로 상담사 라이언 바비노는 이렇게 말했다.

"강인하고 긍정적인 태도는 그 어떤 특효약보다 더 많은 기적을 만들어 낸다."

실패를 경험했을 때 "나는 끝났다"라고 말할 수도 있고, "이건 시작일 뿐이다"라고 말할 수도 있다. 새로운 것을 학습하고 실행하고 반복하면 뇌는 스스로 새로운 사고 경로를 만든다. 뇌는 평생 말랑말랑한 상태를 유지할 수 있기 때문이다.

자기 비하 대신 배움과 가능성이 담긴 언어를 선택하고, 자책하기보다 구체적인 개선점을 찾아보자.

"난 부족해. 역시 안 되는구나."
→ "이번 경험으로 부족한 부분을 알았으니 다음에는 보완할 수 있어."

"그냥 내가 못 한 거지. 운이 나빴어."
→ "이번에 부족했던 점이 뭘까? 다음에는 어떻게 하면 더 나아질까?"

- 실패에 머무르지 않고 성장의 이야기로 만든다.

스티브 잡스는 자신이 만든 회사 애플에서 해고당했던 시간에 대해 '내 인생에서 가장 창의적인 시간을 선물 받은 순간'이라고 말했다. 그는 그 이후 애플로 돌아와 회사를 세계 최고의 브랜드로 성장시켰다.

"나는 실패한 사람이야."

→ "이 실패가 내 인생의 전환점이 될 수 있어."

결국 실패 앞에서 어떤 말을 선택하느냐가 그 실패를 좌절로 만들지, 새로운 기회로 만들지를 결정한다. 새로운 시도를 하는 사람은 실패를 경험한다. 더 크게 성공한 사람은 더 많은 실패를 지나왔다. 나도 여전히 실패한다. 하지만 지금은 다르게 말한다.

"나는 성공이라는 도착지를 향해 실패라는 정거장을 지나고 있다."

버스가 멈출 때마다 나는 다시 숨을 고르고, 풍경을 둘러보고, 마음을 다잡는다. 실패는 내가 주저앉을 이유가 아니다. 멀리 가기 위한 잠시의 멈춤이다. 실패가 나를 규정하지 않는다. 그것을 해석하는 내 언어가 내 미래를 결정할 뿐이다.

💬 **체크 포인트**
자신의 실패에게 어떤 말을 건네고 있는가? 스스로에게 건네는 그 말이 미래를 바꿀 것이다.

29

모든 문제는 '왜'라는 질문 하나로 풀린다

되묻기의 법칙

직장 동료 A와 B가 카페에서 대화를 나누고 있다.

A: "요즘 너무 힘들어. 회사 일이 버겁고, 회의도 너무 많아.
B: "왜 힘든 것 같아?"
A: "그냥 일이 많아서?"
B: "정말 일이 많아서일까? 아니면 네가 그 일을 감당하는 방식이 힘든 걸까?"
A: "음…. 사실 최근에 프로젝트 리더를 맡고 나서 책임감이 너무 커진 것 같아."
B: "그럼, 네가 진짜 힘든 것은 일이 많아서가 아니라 책임

감의 부담 때문일 수도 있겠네?"

A는 순간 멈칫했다. 처음에는 단지 일이 많아 힘든 줄 알았다. 하지만 "왜 힘든 것 같아?"라는 질문을 받는 순간 진짜 이유와 마주하게 됐다.

이처럼 좋은 질문은 겉으로 드러난 문제를 넘어서 놓치고 있던 근본적인 원인을 찾아가게 만든다.

반복되는 문제의 해답은 질문 안에 있다

우리는 종종 문제의 겉모습만 보고 결론을 내린다. 그러다 보면 같은 고민과 실수를 반복하며 제자리걸음을 하게 된다.

예를 들어 보자. 연인과 자주 다투는 사람이 있다. 그는 상대가 사소한 일에 트집을 잡는다고 여긴다. 하지만 실상은 '존중받지 못한다'는 감정 혹은 표현 방식의 차이에서 비롯된 오해일 수 있다. 그럼에도 '우린 성격이 안 맞아'라고 단정해 버리면 같은 문제는 새로운 관계에서도 되풀이된다.

그래서 우리는 스스로에게 '왜?'라는 질문을 던져야 한다. 분노, 서운함, 외로움처럼 말로 설명하기 어려운 감정이 올라올 때. 지금 다니는 회사를 계속 다녀야 할지, 어떤 관계를 이어가야 할지, 새로운 도전을 할지 말지 고민될 때 '왜?'라는 질문은 감정에 휘둘리지 않도록 중심을 잡아 준다.

그래서 우리는 '왜?'라는 질문을 자신에게 해야 한다. 분노, 서운함, 외로움처럼 설명하기 어려운 감정이 불쑥 올라올 때 혹은 지금의 직장을 계속 다녀야 할지, 관계를 계속 이어 가야 할지, 도전할지 말지 고민될 때 이 질문은 감정에 휘둘리지 않고 중심을 잡게 한다.

세계적인 베스트셀러 작가인 사이먼 시넥은 "왜에서 시작하라"라는 메시지로 전 세계에 큰 울림을 줬다. 그는 "사람들은 당신이 무엇을 하는지보다 왜 그것을 하는지에 더 크게 공감한다"라고 말한다. 실제로 애플, 스타벅스 등 혁신적인 기업들은 '우리는 왜 존재하는가?'라는 근본적 질문에서 출발해 수많은 사람의 마음을 움직이고 새로운 문화를 만들었다.

시넥은 이를 '골든 서클'이라는 프레임으로 설명한다. 골든 서클은 '왜, 어떻게, 무엇을'의 세 단계로 구성되며, 대부분의 사람들은 '무엇을' 할지 부터 시작하지만, 진정한 영감과 행동은 '왜' 하는가에서 시작된다고 강조한다. '왜'를 묻는 과정은 단순한 궁금증을 넘어서 스스로를 돌아보는 전환점이 되는 것이다.

또한 심리학자 존 플라벨이 말한 '메타 인지'는 자신의 감정이나 생각을 한 단계 위에서 바라보는 능력이다. 이 능력이 뛰어난 사람은 자신의 말이나 행동을 곧이곧대로 받아들이지 않고, '정말 그게 맞는가?'라고 한 번 더 점검할 수 있다.

'왜?'라는 질문은 바로 그 메타 인지 능력을 키우는 가장 실용적인 도구다. 질문을 반복할수록 감정과 사고의 근원이 선명해지고, 문제의 본질에 다가설 수 있다.

'왜'로 시작하는
자기 성찰 3가지

성장은 단순한 감정 표현이 아니라 그 감정의 뿌리를 들여다보는 데서 시작된다. 자기 성찰을 잘하는 사람은 드러난 감정에 머물지 않고, 그 아래 깔린 생각과 행동의 구조까지 살핀다. 그 중심에는 단 하나의 질문이 있다.

"왜 나는 그렇게 느끼고, 생각하고, 행동하는가?"

이 질문은 막연한 의심이나 후회가 아니라 나를 깊이 돌아보는 성찰의 도구다. 하지만 질문도 방향이 있어야 한다.

'왜'라는 물음표를 효과적으로 삶에 적용하려면 다음 3가지 방향을 기억하자.

- 감정을 깊이 들여다보는 '왜'.

감정은 언제나 겉모습 그대로 드러나지 않는다. 기쁨, 분노, 서운함 같은 감정의 이면에는 더 깊고 근본적인 감정이 숨어 있다. 표면에만 머물면 우리는 늘 같은 방식으로 반응하고, 같은 실수를 반복하게 된다. '왜?'라는 질문을 반복해 보자. 그 뿌리를 찾아야 다음 감정에서 더 현명하게 반응할 수 있다.

"왜 나는 잘하고 있음에도 불안할까?"
→ 혹시 누구와 비교하고 있어서 그런 것은 아닐까?

"왜 나는 칭찬을 들어도 어색하게 느낄까?"
→ 내가 나 스스로를 충분히 인정하지 못하는 것은 아닐까?

"왜 나는 '괜찮다'고 말하면서도 속으로는 서운할까?"
→ 상대를 고려해 표현을 억누르지만, 마음속으로는 더 위

로받고 싶어서가 아닐까?

- **삶의 방향을 점검하는 '왜'.**

열심히 살고 있음에도 자꾸 공허하거나 문득 "내가 왜 이걸 하고 있지?"라는 생각이 든다면 지금이 삶의 방향을 점검할 타이밍이다. 우리는 가끔 원하지 않는 길을 '익숙함'이라는 이유만으로 걸어가고 있다. '왜'를 묻는 질문이 나를 흔들고, 진짜 원하는 방향으로 다시 조율하게 만든다.

"왜 나는 이 일을 계속하고 있을까?"
→ 돈 때문일까 아니면 진짜 의미를 느끼고 있을까?

"왜 나는 늘 바쁘게 살고 있을까?"
→ 혹시 멈추는 게 두려운 것은 아닐까?

"왜 나는 이 목표를 세웠을까?"
→ 보여 주기 위한 목표인가, 진심에서 나온 목표인가?

- **반복되는 패턴을 깨는 '왜'.**

비슷한 상황에서 같은 실수를 반복하고 있다면 그건 무의식적인 패턴일 수 있다. '왜'라는 질문은 그 고리를 끊는 실마리가 된다. 무엇이 나를 같은 자리로 이끄는지 인식할 수 있다면 변화의 가능성도 열린다.

"왜 나는 매번 마감 직전에야 일을 시작할까?"
→ 압박감이 있어야 집중력이 생기는 걸까 아니면 실패에 대한 두려움 때문일까?

"왜 나는 중요한 순간에 결정을 미뤄 버릴까?"
→ 책임지기 싫어서일까 아니면 더 완벽한 선택을 하고 싶어서일까?

나는 질문을 오랫동안 삶의 중심에 두고 살아왔다. 그중 나를 늘 멈춰 세우는 질문은 이렇다.

"나는 지금 행복한가? 왜 행복하지 않은가?"

30대, 사업이 잘되고 돈도 많이 벌었다. 겉으로는 성공한 사람처럼 보였지만 하나의 질문 앞에서는 늘 대답을 망설였다. 그래도 나는 나에게 끊임없이 물었다.

"왜 이렇게 공허하지? 무엇이 나를 진짜 웃게 할까?"

이 질문이 결국 내 삶의 방향을 바꿨다. 지금은 그 답을 찾았기에 더 이상 같은 방식으로 그 질문을 하지 않는다. 내가 찾은 행복은 '보여 주는 성공'이 아니라 '곁에 있는 사람들과 함께하는 시간'이었다.
20세기 최고의 물리학자 아인슈타인은 말한다.

"중요한 것은 질문을 멈추지 않는 것이다. 호기심은 그 자체로 존재 이유가 있다."

💬 **체크 포인트**
질문은 사람을 바꾼다. 일에도, 사랑에도, 관계에도 '왜?'를 묻는 습관은 생각의 깊이를 바꾸고, 삶의 방향을 다듬는다.

30

'부족하지만'이라는 말로 자신을 깎아내리지 마라

겸손의 법칙

면접에서 두 지원자가 같은 질문을 받는다.

"이 직무를 수행하기에 본인이 충분한 역량을 갖췄다고 생각하시나요?"

A: "아직 부족하지만, 이전 회사에서 다양한 프로젝트를 경험하며 배웠습니다. 최선을 다해 좋은 성과를 내도록 노력하겠습니다."

B: "이전 회사에서 다양한 프로젝트를 하면서 실무 경험을 많이 쌓았습니다. 그래서 이 직무에서도 빠르게 적응하

고 성과를 낼 자신이 있습니다."

A와 B 중 누가 더 신뢰를 줄까? A의 말은 겸손해 보이지만, 동시에 자신감도 부족해 보인다. '부족하지만'이라는 말은 의도하지 않게 자신의 가능성에 스스로 제동을 거는 표현이다.

반면 B는 경험을 구체적으로 설명하며 그 바탕 위에 자신감을 얹는다. 듣는 사람은 자연스럽게 신뢰를 느낀다.

과도한 겸손은
메시지의 본질을 흐린다

펜실베이니아대학교 와튼스쿨에서 협상학을 가르치는 교수 모리 타헤리포어는 주눅 들어 있는 학생을 목격하면 이렇게 말한다.

"내 눈에는 보이는 걸 왜 당신은 보지 못하나요? 진실을 봐요. 자신의 가치를 깎아내리지 말고 가능성을 만들어 나갑시다!"

자신 있는 태도는 완벽함이 아니라 나를 믿는 데서 시작된다.

'부족하지만', '완벽하진 않지만' 이런 말은 왜 그렇게 쉽게 입에 붙을까? 크게 3가지로 정리할 수 있다.

• 비난을 피하려는 방어적 습관.

실패에 대한 두려움, 실수를 지적당할지 모른다는 불안이 선을 긋게 만든다. "혹시 부족해 보여도 이해해 주세요"라는 일종의 면피다.

• 겸손을 미덕으로 여기는 문화적 학습.

특히 한국 사회에서는 자신을 낮추는 말이 예의로 통했다. 하지만 겸손과 자기 비하는 다르다.

• 스스로의 가치를 축소하는 말버릇.

"아직 많이 부족합니다."

"감히 제가…."

이런 말은 자존감이 아닌 자기 불신에서 비롯된다.

문제는 이런 말들이 상대방에게 겸손이 아니라 자신 없는 태도로 받아들여진다는 것이다. 특히 중요한 자리에서는 듣는 사람에게 신뢰를 떨어뜨릴 수 있다. 사람은 말의 '내용'보다 먼저 말하는 사람의 태도를 읽는다. 주저하는 말투는 메시지의 힘을 약하게 만든다.

말에 자기 방어를 빼고
자기 확신을 더하라

불필요한 자기 방어를 덜어내고, 핵심만 담아 말해 보자.

- 보고할 때.

"완벽하지는 않지만, 일단 정리해 봤습니다."
→ "정리한 내용을 공유하겠습니다."

- 회의에서 의견을 낼 때.

"제가 잘 모르지만, 이런 방법도 있지 않을까요?"
→ "이런 방법도 생각해 봤습니다."

- 사람들 앞에서 발표할 때.

"제가 긴장이 좀 되지만 발표하겠습니다."

→ "지금부터 중요한 내용을 발표하겠습니다."

내 주변에는 대조적인 두 사람이 있다. 늘 "별거 아니에요", "저는 괜찮아요"라고 말하는 C는 작은 선물과 배려로 사람의 마음을 움직인다. 나는 그녀의 섬세함과 진심을 오래 경험했기에 그 말이 오히려 더 따뜻하게 느껴진다. 하지만 그녀를 잘 모르는 이들에게 그런 말을 할 때면 안타깝다.

반면 무엇을 줄 때마다 "이거 엄청난 거예요", "내가 얼마나 힘들게 구했는지 몰라요"라고 말하는 D는 때때로 조금 부담스럽다.

이처럼 지나친 겸손과 과도한 강조 모두 진심을 흐린다. 자신 있는 태도는 완벽함을 의미하는 것이 아니다. 우리는 누구나 부족한 부분이 있다. 중요한 것은 내가 아는 것, 겪은 것, 기여할 수 있는 것을 당당하게 표현하는 힘이다.

사람들은 완벽한 사람이 아니라 자기 자신을 존중하는 사람에게 신뢰를 보낸다.

"내가 하는 말에 나에 대한 존중이 담겨 있는가?"

이 질문에 '아니오'라고 대답한다면 이제는 방어적 표현을 덜어낼 차례다. 내가 부족한 사람이 아니라 가능성이 충분한 사람이라는 것을 기억하자.

💬 **체크 포인트**

과도한 겸손이 때로는 자신감 부족으로 비칠 수 있다. 완벽하게 말하려는 생각을 버리고, 부족한 모습 그대로 당당하게 표현하는 것을 연습해 보자.

31

'을'이어도 선을 지키며
할 말은 하는 방법

비즈니스 대화의 법칙

이벤트 기획 회사를 운영하던 시절, 10년 이상의 경력을 가진 직원들을 채용한 적이 있다. 모두 실무 능력은 뛰어났지만 아쉬운 점이 하나 있었다. 고객의 모든 요청에 "네, 알겠습니다"라고 답하는 말 습관이었다.

밤 10시에 전화가 와도 즉시 응답했고, 무리한 일정 변경에도 "가능합니다"라며 무조건 수용했다. 그들의 책임감과 성실함은 높이 샀지만, 그런 태도는 오히려 우리의 전문성과 경계를 모호하게 만들었다.

반면 우리 회사가 첫 회사인 신입 직원들은 달랐다.

"일정을 함께 조율해 보겠습니다."
"요청하신 부분은 현실적으로 어렵습니다. 대신 이런 대안은 어떠세요?"

그들의 말에는 전문성과 주도성이 담겨 있었다. 바로 '당당한 을의 화법'이었다.

명확한 경계가 오히려 신뢰를 만든다

우리는 종종 '을'의 자리에 선다. 고객, 상사, 클라이언트 앞에서 '예스맨'이 되는 것이 더 안전하다고 느낄 수 있다. 하지만 경계 없이 모든 것을 수용하면 일의 기준이 흐려지고 신뢰도 점점 약해진다.

경계란 내가 책임질 수 있는 부분을 명확히 구분하는 것이다. 어디까지가 내 몫이고, 어디서부터는 타인의 몫인지 인식할 수 있을 때 관계도 건강해진다.

"그건 어렵지만, 이런 방식이라면 가능합니다."

이런 말은 단순한 거절이 아니라 현실적인 조율이며 책임 있는 태도다.

미국에서 가장 인기 있는 대중 심리학자인 브레네 브라운은 이렇게 말한다.

"명확함이 친절이고, 불분명함은 불친절이다."

모두에게 맞추려는 사람보다 경계를 세우고 그 안에서 자신의 역할을 충실히 해내는 사람이 더 좋은 성과를 낸다. 경계를 세운다는 것은 관계의 거리를 두는 것이 아니다. 함께 오래 가기 위한 현명한 선택이다.

또한 경계를 지키기 위해서는 내가 줄 수 있는 가치를 정확히 전달해야 한다. 협상 전문가 크리스 보스는 약자의 입장에서도 자신이 줄 수 있는 가치를 명확히 표현할 때 더 나은 결과를 얻을 수 있다고 말한다.

'을'이라는 자리는 역할의 차이지, 가치의 차이가 아니다. 무조건 수용하는 태도보다는 조율과 제안을 담은 말이 더 깊은 신뢰를 만든다.

을이라고 모두 '예스맨'이 될 필요는 없다

10년간 사업을 하면서 지켜 온 '당당한 을 화법'은 나와 클라이언트의 관계를 건강하게 지켜 줬고, 규모는 작지만 탄탄한 회사로 성장하는 비결이었다.

다음은 여러 상황에서 쓸 수 있는 당당한 을의 화법이다.

- 프리랜서가 계약을 제안 받았을 때.

"단가는 맞춰드릴게요."
→ "제가 맡은 프로젝트들은 항상 만족도가 높았습니다. 제 퀄리티를 유지하면서 가능한 예산 범위를 제안할게요."

- 학습 코치가 부모에게 피드백할 때.

"부모님이 더 많이 도와주셔야 해요."
→ "이 아이는 자기 주도 학습 기반이 좋습니다. 제가 틀만 잡아 주면 부모님 개입은 최소화하셔도 됩니다."

- 외주 디자이너가 피드백을 받았을 때.

"보완할게요. 요청하신 대로 수정하겠습니다."

→ "이 디자인은 고객 반응을 끌어내는 데 초점을 맞췄습니다. 제 시안을 바탕으로 함께 조율해 볼 수 있을까요?"

- 병원 간호사가 보호자에게 설명할 때.

"의사 선생님께 설명을 듣고 싶으시다고요? 아, 그럼 여쭤볼게요."

→ "환자분 상태는 제가 매일 직접 체크하고 있어요. 지금부터 변화한 부분 중심으로 자세히 설명해드릴게요."

모든 관계에는 힘의 균형이 달라지는 순간이 있다. 가족, 친구, 이웃과의 관계에서도. 그럴 때 중요한 것은 '자신의 가치를 표현하는 말'이다.

"이 정도면 괜찮습니다."
"감히 말씀드리자면…."
"따르겠습니다."

익숙하지만 이런 표현은 나를 작게 만든다. 낮춘다고 더 인정받지 않고, 다루기 쉬운 사람에게 더 큰 보상이 주어지지도 않는다. 부드러우면서도 당당하게, 존중하면서도 주도적으로,

상대를 배려하면서도 자신의 가치를 명확히 하는 균형 잡힌 소통. 이것이 바로 모든 관계에서 자신을 지키면서도 함께 성장할 수 있는 '당당한 을'의 화법이다.

> 💬 **체크 포인트**
> '갑'과 '을'은 역할에 따른 이름일 뿐이다. 그러니 '을'이라는 위치에 작아지지 말고 원하는 것을 당당하게 이야기하자.

일 잘하는 사람의 현명한 대화법

긍정의 법칙부터 유연함의 법칙까지

32

성공으로 가는 지름길, 긍정적인 말 습관

긍정의 법칙

"선생님, 목소리와 발음을 교정하고 싶습니다."

30대 영업자인 한 남성은 샤프한 외모와 좋은 매너를 지녔지만, 어딘가 자신감이 없어 보였다. 중저음의 안정적인 목소리와 부드러운 말투를 지녔음에도 회사에서 교육받을수록 오히려 자신감은 줄어들었고, 결국 나를 찾아왔다. 4회 차 수업 후에 그는 밝은 목소리로 말했다.

"선생님, 이제 말하는 게 두렵지 않습니다. 제 인생이 환해졌어요. 부정적이던 제가 긍정적으로 변했어요."

내가 그를 도운 것은 단순히 발음이나 목소리를 고쳐 주는 일이 아니었다. 그의 강점을 발견하게 하고, "나는 할 수 있다", "나의 목표를 이룰 수 있다"와 같은 긍정과 희망의 말을 매일 하도록 이끌었다. 그리고 그의 꿈과 목표를 진심으로 믿으며, 매 순간 응원의 말을 아끼지 않았다. 이 작은 언어 습관의 변화가 쌓이자 그의 표정과 태도 그리고 실제 성과까지 달라지기 시작했다.

우리는 매일 수많은 말을 주고받지만, 그 말이 내 삶을 어떻게 바꾸고 있는지 깊이 들여다보지 않는다. 하지만 말은 생각을 움직이고, 생각은 태도와 행동을 바꾼다. 어떤 말을 선택하느냐에 따라 삶의 방향이 달라진다.

흘러가는 대화에서도 나를 북돋우고 앞으로 나아가게 하는 '의도된 말 한마디'가 필요하다. 내게 어떤 말을 건네느냐가 곧 내가 어디로 향할지를 결정한다.

간절하게 바라는 꿈을
습관처럼 말하라

웅진그룹 창업자인 윤석금 회장은 젊은 시절 누구보다 부정적인 사람이었다고 한다. 가난한 농부의 아들에서 그룹 회장에 이르기까지 삶을 성공으로 이끈 단 하나의 방법이 '말을 바꾸는 것'이라고 고백하며 이렇게 조언했다.

"말을 바꿔야 생각이 바뀌고, 생각이 바뀌면 운명이 바뀐다. 평생 갖고 갈 말을 품고 매일 행하라."

소프트뱅크의 손정의 회장도 말의 힘을 실천한 사람이다. 24살, 직원 2명뿐인 작은 사무실에서 그는 이렇게 선언했다.

"5년 안에 매출 100억 엔을 달성하겠다!"

그때는 누구도 믿지 않았지만, 그는 스스로 한 말을 믿었고, 결국 현실로 만들었다. 말이 방향이 되고, 방향이 결과가 된 셈이다.

나는 경험도 자본도 없이 이벤트 기획 사업을 시작했다. 어느 누구도 성공을 장담하지 않았고, 많은 이가 1년을 버티기 힘들 거라고 말했다. 하지만 매일 스스로에게 긍정의 말을 건네며 한 걸음씩 나아갔다. 그 결과 페이스북, 삼성전자, 크리

테오와 같은 글로벌 기업들이 먼저 찾는 탄탄한 회사를 만들 수 있었다.

작가의 길도 마찬가지였다. '더 영향력 있는 사람도 책을 내기가 쉽지 않은데, 네가 가능하겠냐'라는 회의적인 시선이 많았지만, 나는 흔들리지 않았다. 결국 나는 세 번째 책을 쓰며 누군가의 인생에 변화를 건네는 삶을 살고 있다. 돌이켜 보면 나를 성장시킨 가장 큰 힘은 나에게 건넨 긍정의 말이었다.

성공을 부르는
5가지 실전 표현

다음은 '성공을 부르는 말'의 실전 표현들이다.

- 긍정적인 말로 사고를 바꿔라.

부정적인 언어는 시야를 좁히지만, 긍정적인 표현은 해결의 실마리를 찾게 한다. "어떻게 하면 될까?"라는 질문 하나가 사고를 유연하게 만들고, 행동에 변화를 일으킨다.

"안 될 것 같아."

→ "어떻게 하면 될까?"

• **자신감을 높이는 말 습관을 지녀라.**

스스로를 격려하는 언어는 두려움을 줄이고 실행력을 높인다. "나도 할 수 있어"라는 확신은 뇌에 긍정적인 자극을 주고, 도전을 지속하게 만드는 원동력이 된다.

"난 아직 부족해."
→ "도전해 보자. 성장할 기회야."

• **부정적인 말 대신 대안을 제시하라.**

비판만으로는 발전이 없다. 그러나 해결책을 제시하면 상황을 능동적으로 이끌 수 있다. 대안을 말하는 태도는 신뢰를 주고, 함께 일하고 싶은 사람으로 기억하게 만든다.

"이건 어렵습니다."
→ "다른 방법을 찾아보겠습니다."

• **목표를 말로 선언하라.**

막연한 희망보다 구체적인 선언이 행동을 유도한다. 입 밖으로 꺼낸 목표는 무의식에 각인돼 자연스럽게 그 방향으로 나아가게 한다.

"언젠가는 해 보자."
→ "내년까지 ○○를 이루자."

- 감사의 말을 자주 하라.

감사는 관계를 따뜻하게 만들고 협력을 부른다. 짧은 말 한마디라도 진심 어린 감사는 분위기를 긍정적으로 전환하는 힘이 있다.

"덕분에 가능했어요."
"항상 도와주셔서 감사합니다."

이런 작은 말 습관이 모여 사고방식과 행동을 바꾼다.
세계적인 자기 계발 전문가 브라이언 트레이시는 '긍정적인 말은 타인에게 건넬 수 있는 가장 멋진 선물'이라고 말한다. 그 말을 전할 때마다 오히려 자신이 더 큰 자신감을 얻는다고 강조했다.

"당신은 분명히 해낼 거예요."
"당신의 성공을 확신합니다."
"당신의 꿈을 응원합니다."

이 짧은 말들의 힘은 막강하다. 신뢰를 쌓고, 관계를 단단하게 하며, 나의 존재감을 더 끌어올린다. 성공하는 사람들은 말의 무게와 영향력을 알고 꾸준히 실천한다. 말이 달라지면 생각이 달라지고, 결국 삶의 궤도도 달라진다. 그 변화는 우연이 아니라 성공을 향한 가장 자연스럽고 강력한 흐름이다.

💬 체크 포인트
말 한마디가 습관을 바꾸고, 습관이 삶의 태도를 바꾸며, 태도가 인생의 방향을 바꾼다.

33

기회는 완벽한 사람이 아닌 말하는 사람에게 온다

진정성의 법칙

이벤트 기획 사업을 하던 시절이었다. 고객사 미팅이 잡힐 때마다 팀원들은 어김없이 내게 함께 가자고 했다. 처음에는 그저 대표가 동석하면 결정이 빨라지기 때문으로 생각했다. 그런데 어느 날 담당자 중 한 명이 슬며시 이유를 털어놨다.

"대표님이 계시면 분위기가 좋아져서 미팅이 훨씬 부드럽게 흘러가요."

그제야 알았다. 회의가 시작되기 전 그 어색하고 낯선 공기 속에서 누군가 먼저 말문을 열어 주는 것이 얼마나 큰 역할을 하는지. 과거 모임이나 회의에서 조용히 듣기만 하던 내가 어느 순간 '스몰 토크'로 분위기를 바꾸는 사람이 돼 있었다.

처음 보는 사람과도 오래된 친구처럼 자연스럽게 대화를 트는 능력. 그건 타고난 게 아니라 수많은 대화를 관찰하고 연습하며 익힌 기술이었다. 말을 잘하게 되자 나를 찾는 사람들이 늘었고, 일의 성과는 자연스럽게 따라왔다. 말이 바뀌면 내가 접근할 수 있는 기회도, 관계의 깊이도 달라진다.

말 하나로
인생을 바꾼 사람들

말을 잘하는 것이 꼭 대단한 기술은 아닐지 모른다. 하지만 말 한마디가 뜻밖의 기회를 불러오는 것만은 분명한 사실이다. 회사에서 자신의 생각을 또렷하게 전하는 사람은 자연스럽게 중요한 프로젝트를 맡게 되고, 사람들 앞에서 말할 수 있는 기회를 먼저 얻는다. 낯선 사람과도 유연하게 대화할 줄 아는 사람은 어떤 자리에 있어도 기억에 남고, 또 만나고 싶은 사람이 된다. 그렇게 말 잘하는 사람은 결국 기회를 먼저 잡는 사람이 된다.

이 말을 증명하는 인물은 많다. 그중에서도 오프라 윈프리는 진심 어린 공감과 따뜻한 리액션으로 사람들의 마음을 움직였고, 결국 자신의 이름을 건 토크 쇼를 통해 세계에 영향을 미치는 인물이 됐다.

버락 오바마는 2004년 민주당 전당 대회에서의 단 한 번의 연설로 전 세계의 주목을 받았다. 그가 한 말의 내용뿐 아니라 말하는 방식, 태도, 메시지의 진정성이 사람들에게 기대를 심어 줬고, 그 기대가 대통령이라는 길을 열었다.

스티브 잡스의 발표는 단순한 설명이 아니라 제품에 감성과 비전을 불어넣는 말하기였다. 그의 연설은 브랜드의 가치를 극대화했다.

파키스탄의 여성 교육 운동가인 말랄라 유사프자이는 총탄을 맞고도 목소리를 멈추지 않았다. 그녀는 2013년 유엔 연설에서 이렇게 말했다.

"책과 펜을 듭시다. 그것들이야말로 우리의 가장 강력한 무기입니다. 한 명의 어린이, 한 명의 선생님, 한 권의 책, 한 자루의 펜이 세상을 바꿀 수 있습니다."

이 말이 전 세계를 울렸고, 그녀는 최연소 노벨평화상 수상자가 됐다. 이처럼 말의 진심은 때로 권력을 뛰어넘는다.

완벽한 말보다
진실한 말이 기회를 만든다

말을 잘한다는 말은 단지 유창하게 말한다는 뜻이 아니다. 내가 누구인지, 무엇을 원하는지, 상대가 편하게 이해할 수 있도록 전하는 힘. 그것이 진짜 말하기의 본질이다.

오프라 윈프리는 공감의 언어로 세상과 소통했고, 버락 오바마는 한 편의 연설로 역사의 흐름을 바꿨다. 스티브 잡스는 말로 기술에 감동을 더했고, 말랄라 유사프자이는 한 문장으로 세계의 마음을 움직였다. 이들은 모두 말이 기회의 문을 연다는 걸 증명했다.

중요한 것은 이 기회들이 특별한 사람들에게만 열리는 것이 아니라는 사실이다. 기회는 말하는 사람을 향해 열린다. 그 말이 모두 완벽할 필요는 없다. 말 속에 진심, 책임 그리고 대화에 임하는 태도가 담겨 있어야 한다.

그렇다면 어떤 말을 해야 기회가 찾아올까?

'강요가 아니라 공유하는 말.'
'맞고 틀림이 아니라 다름을 인정하는 말.'
'긴장이 아니라 함께 풀어 나가는 말.'

말의 태도와 의도가 바뀌는 순간 대화의 방향, 관계의 질, 기회의 문이 함께 열린다. 기회는 어느 날 갑자기 "나 여기 있어요" 하고 나타나지 않는다. 대부분은 일상의 평범한 대화 속 어딘가에 조용히 숨어 있다. 그 기회를 알아보고 붙잡는 사람은 완벽하지 않아도 언제든 말할 준비가 된 사람이다. 완벽하게 말하려 애쓰기보다 내 안의 진심을 담아 조심스럽고도 확실하게 표현해 보자. 그 한마디가 새로운 기회의 시작일지 모른다.

💬 체크 포인트

말을 잘하는 것이 아니라 용기 내어 말하는 것, 그것이 진짜로 기회를 여는 말의 힘이다.

34

잘 답하는 사람보다
잘 묻는 사람이 이기는 시대

유도 질문의 법칙

나는 기업 강의를 할 때 원하는 강의 내용에 대해 사전 조사를 한다. 의외로 많은 사람이 배우고 싶어 하는 주제 중 하나가 '질문을 잘하는 법'이다. 나 역시 질문 능력을 '성장형 인간'의 핵심 역량이라고 생각한다. 특히 AI 시대에는 더욱 그렇다.

그런데 강의 현장에서 직접 질문하라고 하면 대부분 망설인다. 왜일까? '틀릴까 봐' 혹은 '어리석어 보일까 봐' 같은 두려움 때문이다.

'수준이 낮아 보이면 어쩌지?'
'내가 뭔가 모른다는 걸 들키는 것은 아닐까?'

우리는 어릴 때부터 정답을 맞히는 훈련은 익숙하게 해 왔지만, 좋은 질문을 던지는 연습은 거의 해 보지 않았다. 그래서 우리에게 질문은 불편하고, 침묵은 안전한 선택처럼 느껴진다.

무작정 묻기보다
대답할 가치가 있는 질문인지 고민하라

질문은 부족함을 드러내는 말이 아니라 성장 가능성을 보여주는 용기 있는 행위다. 생각해 보자. 다른 사람이 질문할 때 '뭐 저런 질문을 해'라는 생각을 얼마나 자주 했는가? 우리는 다른 사람의 질문에는 관대하면서 자신의 질문에만 두려움을 갖는다.

일론 머스크는 '면접에서 던질 최고의 질문은 무엇인가'에 대한 질문에 이렇게 답했다.

"지금까지 어떤 어려운 문제에 부딪혔고, 그것을 어떻게 해결했는지 말씀해 주세요."

이 질문이 특별한 이유는 무엇일까? 단순한 정보 확인이 아니라 상대의 사고 과정과 문제 해결 능력, 가치관을 함께 이끌어 내는 질문이기 때문이다.

그렇다면 좋은 질문이란 무엇일까? 좋은 질문의 특징은 다음과 같다.

'단순한 정보 요청이 아니라 생각을 확장한다.'
'하나의 정답보다 다양한 관점을 열어 준다.'
'즉흥적이지 않고 깊은 고민이 담겨야 한다.'

그리고 좋은 질문은 한 번으로 끝나지 않고, 다음 질문으로 자연스럽게 이어진다.

질문은 타고나는 것이 아니라 배우고 연습해서 키울 수 있는 능력이다. 내가 만난 뛰어난 리더들은 어떤 상황에서도 좋은 질문을 던졌다. 그들은 질문을 통해 회의의 방향을 잡고, 상대의 생각을 끌어내며, 무엇보다 문제의 본질에 빠르게 도달했다.

팀 회의에서 문제 상황을 마주했을 때 질문은 이렇게 이어질 수 있다.

1. 현황 파악 질문

"이번 문제의 핵심이 뭐라고 생각해요?"

2. 원인 분석 질문

"왜 이 문제가 생겼을까요?"

3. 관점 확장 질문.

"우리가 놓치고 있던 부분이 뭘까요?"

4. 재발 방지를 위한 질문.

"다시 이런 상황이 오면 어떤 전략이 필요할까요?"

리더가 팀원에게 피드백할 때 질문은 다음처럼 이어진다.

1. 자기 평가 질문.

"이번 프로젝트에서 가장 잘했다고 생각한 부분은 뭐예요?"

2. 역량 인식 질문.

"일을 하면서 어떤 점에서 자신이 더 성장했다고 느꼈어요?"

3. 전략 재구성 질문.

"비슷한 프로젝트가 또 주어지면 어떻게 해 보고 싶어요?"

4. 조직 개선 질문.

"이 경험으로 팀이 더 나아지려면 뭐가 달라지면 좋을까요?"

이처럼 질문을 이어 가다 보면 생각의 깊이가 달라진다. 질문은 상대의 사고를 자극하고, 새로운 관점을 열어 주며, 함께 해답을 찾아가는 과정이다. 무작정 묻기보다 '이 질문이 지금 이 상황에서 어떤 가치를 만들 수 있을까?'를 먼저 고민하는 습관을 가져 보자.

생각의 방향을 바꾸는 질문의 원칙 7가지

그렇다면 질문을 잘하는 사람은 무엇이 다를까? 다음은 내가 오랫동안 실천해 온 질문의 7가지 원칙이다.

- 질문 전에 상황의 맥락을 충분히 파악하라.

- '예', '아니오'가 아닌 열린 질문으로 상대의 생각을 유도하라.
- '왜'와 '어떻게'를 활용해 깊이 있는 질문을 하라.
- 상대의 경험과 통찰을 이끌어 내는 질문을 던져라.
- 질문 속에 진심과 관심을 담아라.
- 상대방의 대답을 경청하며 다음 질문을 준비하라.
- 상대방의 말을 평가하지 말고, 호기심을 유지하라.

우수한 교육 시스템으로 인정받는 핀란드 교육은 질문이 중심이다. 교사는 학생들에게 바로 답을 주지 않고, 더 깊은 질문으로 학생을 유도한다.

"네 생각은 어때?"
"그걸 다른 시각으로 보면 어떨까?"

이런 질문은 사고를 확장하고, 스스로 답을 찾는 힘을 길러준다. 카이스트 AI대학원 최진석 교수는 말한다.

"천재를 원하면 천재를 기르는 교육을 해야 한다. 대답이 아니라 질문하는 인재를 길러야 한다."

답을 잘하는 시대는 지났다. 이제는 질문이 실력을 결정짓는 기준이 됐다. 질문은 사고의 깊이를 드러내는 창이다. 질문은 단순히 정보를 얻기 위한 수단이 아니다. 성장의 출발점이며, 생각의 방향을 바꾸는 힘이다. 좋은 질문은 답보다 오래 기억되고, 때로는 답이 없어도 그 자체로 충분한 가치가 있다.

💬 체크 포인트

대화를 나눌 때 대답보다 어떤 질문을 던질 수 있을지 먼저 떠올려 보자. 좋은 질문은 '덜 좋은 질문'이라는 과정을 거치며 만들어진다. 그 과정을 두려워하지 말고, 용기 있게 질문해 보자.

35

일 잘하는 사람의 보고는 30초면 끝난다

효율적인 보고의 법칙

"보고서는 5장이면 충분합니다."

내가 B사에 근무할 때다. 한 달 동안 밤낮없이 공들여 만든 300장의 보고서를 제출한 날 한 임원이 말했다. 처음에는 억울했다. 얼마나 많은 데이터를 분석하고, 얼마나 많은 페이지를 작성했는데 그렇게 무심하게 말한단 말인가. 그런데 곧 깨달았다. 보고의 핵심은 '말이 많은 사람'이 아니라 '핵심을 정확히 짚는 사람'이라는 것을.

보고가 길어지는 이유는 단순하다. 우리는 핵심을 모를 때, 자신감이 없을 때 그리고 양으로 성실함을 증명하려 할 때 장황해진다. 하지만 상사는 보고서가 아니라 명확한 메시지를 기다리고 있다. 직급이 높고 바쁠수록 간결한 보고를 신뢰의 신호로 받아들인다.

1시간짜리 연설보다
10분짜리 연설이 더 어려운 이유

글로벌 컨설팅 기업 맥킨지의 신입 컨설턴트들은 금세 배운다. "업무 현황을 보고하라"는 말은 30초 안에 요점을 말하라는 뜻이다. 맥킨지의 전직 컨설턴트 슈 하토리는 '임원 자리에 오르면 프레젠테이션을 최대한 간단하게 해야 한다'고 말하며 '더 적은 단어로 설득하려면 연습이 필요하다'고 덧붙였다.

조직 내에서 오랫동안 자신의 자리를 지켜 온 리더들을 살펴보면 보통 말수가 적다. 그러나 그들이 말할 때는 모두가 귀를 기울인다. 왜 그럴까? 언제, 무엇을, 어떻게 말할지 정확히 알고 있기 때문이다. 이것은 타고난 능력이 아니라 수많은 보고와 피드백을 거치며 형성된 습관이다.

실제로 말을 많이 하는 것보다 줄이는 것이 더 어렵다. 핵심을 아는 사람만이 핵심만 말할 수 있다. 보고서를 5장으로 줄이는 일이 300장을 쓰는 일보다 더 어려운 이유다. 미국의 전 대통령 우드로 윌슨은 연설 준비에 대해 이렇게 말했다.

"10분짜리 연설을 준비하려면 1주가 필요하지만 30분짜리 연설은 이틀이면 충분하고, 1시간짜리 연설은 지금 당장도 할 수 있다."

짧게 말할수록 더 많은 준비가 필요하다는 진리는 비즈니스 환경에서도 마찬가지다.

효과적인 보고는 단순히 '짧게 말하는 것'이 아니다. 결론부터 명확히, 이유는 논리적으로, 세부 내용은 간결하게 전달해야 한다.

예를 들어, 프로젝트 예산 관련 보고 상황이라고 해 보자.

1. 결론.
"팀장님, 이번 프로젝트는 예산 문제로 일정이 지연될 가능성이 높습니다."

2. 이유.

"현재 예산 소진율이 80%에 도달했고, 추가 지원이 필요합니다."

3. 세부 내용.

"이에 따라 2개의 대안을 준비했습니다."

최소한의 분량으로 최대한의 신뢰를 얻는 보고 방법 4가지

보고가 길면 메시지가 흐려지고, 지시가 모호하면 실행이 늦어진다. 핵심 없는 말은 정보가 아니라 소음이다. 그렇다면 간결하게 말하면서도 신뢰를 주는 보고는 어떻게 가능할까? 보고의 분량은 줄이되 신뢰는 높이는 4가지 방법이 있다.

• 의견 대신 사실과 숫자로 말하라.

'잘되고 있다'같이 추상적인 말은 듣는 사람마다 다르게 해석한다. 누군가는 90%, 누군가는 50%로 받아들일 수 있다. 하지만 숫자는 누구에게나 명확하다. 수치로 말하면 진행 상황을 정확히 공유할 수 있고, 필요한 결정도 빨리 내릴 수 있다.

"잘 진행 중입니다."
→ "현재 78% 완료됐습니다."

- **결과를 말한 후 리스크도 언급하라.**

좋은 소식만 말하면 당장은 좋아 보이지만, 나중에 문제가 드러나면 신뢰를 잃을 수 있다. 균형 잡힌 보고를 하면 전문적이고 투명하다는 인상을 준다. 미리 리스크를 언급하면 서로 예상치 못한 변수에 당황하지 않고 대비책을 모색할 수 있다.

"매출이 늘었습니다."
→ "매출은 늘었지만, 이탈률은 지난달에 비해 2% 증가했습니다."

- **확신 있는 표현을 써라.**

'아마도'와 같은 추측성 표현은 듣는 사람을 불안하게 만든다. 가능하다면 '된다'고 말하되 어떤 조건이 필요한지 명확히 설명하자. 추측보다 근거 있는 확신이 더 신뢰를 준다.

"아마 될 것 같습니다."
→ "가능합니다. 단, 조건은 ○○입니다."

- **말을 줄이되 대응책은 분명하게 말하라.**

문제만 제기하면 상사는 또 다른 고민거리를 떠안는다. 하지만 대안까지 제시하면 상사는 선택과 결정에만 집중할 수 있다. 신뢰와 업무 효율성을 다 잡을 수 있다.

"문제가 있습니다."
→ "문제가 있어 A안과 B안을 준비했습니다."

나를 찾아오는 많은 직장인이 말한다.

"보고를 잘하고 싶어요."

그들이 가장 많이 듣는 상사의 피드백은 늘 이렇다.

"그래서 결론이 뭔데?"
"그래서 핵심이 뭐야?"

결국 상사가 원하는 것은 명확한 메시지다. 나 역시 직장 생활을 할 때 보고 시간만 다가오면 한숨을 푹푹 쉬었다. 왜 그렇게 심장이 쪼그라드는지. 상사도 나와 같은 직장인일 뿐인데 말이다.

내가 발견한 방법은 하나다. 보고 내용을 수시로 말해 보는 것. 부모, 친구, 동료와 밥을 먹을 때도 핵심을 짧게 설명해 본다. 여러 번 말할수록 내용이 정리되고, 메시지는 선명해진다.

💬 **체크 포인트**

적게 말하되 깊이 생각하라. 보고는 설명이 아니라 상대에게 정확하게 '전달하는 기술'이다. 상대는 '말'이 아니라 '메시지'를 기억한다.

36

발표 시간만큼은
무대 위의 배우가 돼라

발표의 법칙

"저는 발표를 정말 못했던 사람입니다."

강의장에 들어서면 나는 이렇게 말한다. 대부분의 사람은 믿기 어렵다고 말한다. 많은 사람 앞에서 유창하게 말하는 나를 보며 납득하지 못하는 것이다. 그러나 사실이다. 나는 한때 발표가 너무 두려워서 회사를 그만둔 적이 있다.

중요한 발표를 앞두고 상사가 이렇게 말했다.

"이번 건은 신 팀장이 직접 임원들 앞에서 발표하세요."

머릿속이 하얘졌다. 평소 딱 3분하는 주간 보고 발표도 늘 피하고 싶었는데, 한국과 미국 임원들 앞에서 화려한 제스처를 하면서 발표하라는 것이었다. 그 순간 그 발표가 나에게 너무 벅차다는 생각이 들었고, 결국 회사를 떠나기로 결심했다.

그러나 퇴사 후 시작한 사업은 더 혹독했다. 고객 미팅, 파트너 설득, 투자자 앞 피칭까지 발표는 피할 수 없는 생존 기술이 됐다. 도망칠 수 없기에 연습했고, 피드백을 받았고, 끝없이 반복했다. 그렇게 발표력은 나의 치명적인 약점에서 가장 강력한 무기가 됐다.

워런 버핏이 말하기 수업을
최고의 투자라고 말한 이유

강의 현장에서 직장인들의 발표 장면을 자주 보는데, 대부분 '읽기'에 그친다. 청중과 눈을 마주치지 못하고, 표정 없이 말하며, 설득력은 느껴지지 않는다. 아무리 자료의 완성도가 높더라도 사람을 설득하는 것은 발표자의 태도다. 좋은 내용도 청중의 기억에 남지 않으면 의미가 없다. 발표는 메시지를 던지고, 사람을 설득하고, 기회를 끌어당기는 기술이다. 같은 내용을 말해도 누가 말하느냐에 따라 평가가 달라진다.

하지만 많은 사람이 슬라이드를 멋지게 꾸미는 데는 10시간을 쓰면서 정작 말하는 연습에는 10분도 투자하지 않는다.

워런 버핏은 가장 잘한 투자가 무엇이냐는 질문에 '데일 카네기의 대중 연설 강좌'라고 답했다. 젊은 시절 그는 사람들 앞에서 말하는 걸 두려워했지만, 그 경험이 인생을 바꿨다고 말한다. 이제 그는 수천 명 앞에서도 당당히 말한다. 이처럼 발표는 충분히 훈련으로 바뀔 수 있는 능력이다.

한때 나도 사람들 앞에서 말해야 하면 1분이 1시간처럼 느껴졌다. 하지만 지금 소개할 3가지 전략을 꾸준히 실천하면서 누구나 발표력을 키울 수 있다는 확신이 생겼다.

발표력을 키우는
3가지 실전 전략

- **자료보다 메시지를 먼저 정리하라.**

많은 발표자가 중심 내용을 뽑기도 전에 발표 자료부터 만든다. 그러나 발표를 잘하는 사람은 핵심 메시지부터 잡는다.

나의 방식은 간단하다. 발표 자료에 들어갈 핵심 문장을 먼저 한 줄씩 정리한다. 그렇게 흐름을 설계한 뒤 그 뼈대를 중심으로 내용을 채워 넣는다.

'사람들이 내 발표를 듣고 단 하나만 기억한다면 그것은 무엇이어야 하는가?'

이 질문은 발표의 핵심 메시지를 정의하는 데 사용된다. 말이 많아질수록 요점은 흐려진다.

'이 메시지가 사람들에게 어떤 변화를 가져다줄 것인가?'

설득력 있는 발표는 '정보 전달'을 넘어 변화를 이끄는 '메시지'를 담고 있다. 왜 이 발표가 듣는 사람들에게 중요한가를 고민해야 메시지가 살아난다.

- **목소리와 비언어를 활용하라.**

발표의 70%는 내용이 아니라 태도에서 결정된다. 사람들은 '무엇을 말하느냐'보다 '어떻게 말하느냐'에 더 강하게 반응한다. 자신감 있는 몸짓, 눈빛, 목소리는 발표 내용을 설득력 있게 만드는 가장 강력한 도구다.

나 역시 처음에는 모든 몸짓과 표정이 어색하고 부자연스러웠다. 하지만 매번 발표할 때마다 하나씩 개선하며 연습했고, 어느새 그 모습이 자연스러워졌다. 이런 내가 무대 위에서 꼭 지키는 몇 가지 사항이 있다.

하나, 무대 중앙에서 또렷하게 인사한다.
첫인상은 5초 안에 결정된다. 시작을 장악해야 흐름을 주도할 수 있다.

둘, 뒤로 숨지 말고, 무대를 자연스럽게 활용한다.
공간 활용은 자신감의 표현이다. 단, 목적 없는 움직임은 피하자.

셋, 나를 호감 있게 바라보는 사람과 눈을 마주친다.
청중의 긍정적 반응을 지지 삼아 시선을 고정하라.

넷, 손과 표정은 말과 함께 움직인다.
손짓은 과하지 않게, 얼굴 표정에는 진심을 담아야 한다.

다섯, 목소리에 힘을 주고, 속도와 리듬을 조절한다.

단조로운 톤은 졸음을 부르고, 힘없는 목소리는 분위기를 처지게 만든다.

여섯, 사람들의 침묵을 두려워하지 않는다.
답이 없다고 반응이 없는 것이 아니다. 누군가는 듣고 있다.

일곱, 강한 질문, 숫자, 이야기, 비유로 주의를 끌어라.
5분 안에 사람들을 사로잡는 '훅(Hook)'을 던져야 한다.

여덟, 발음은 또렷히, 속된 표현은 줄이고 품격을 유지하라.
'어떻게 들리는가'가 '어떤 사람인가'로 해석된다는 것을 명심하라.

- **연습하고, 피드백을 받아라.**

좋은 발표자는 절대 즉흥적이지 않다. 거울과 카메라 앞에서 수십 번 연습한다. 많은 사람이 발표 때 느끼는 불안과 어색함을 '내성적인 성격'이나 '타고난 한계'로 착각한다.

그러나 진짜 이유는 충분히 연습하지 않았기 때문이다. 녹음된 내 목소리는 늘 어색했고, 영상 속 몸짓과 표정은 차마 제대로 보기 힘들었다. 하지만 그 불편한 과정을 반복하며 듣고,

고치고, 다시 연습한 시간이 지금의 나를 만들었다.

다음은 내가 연습했던 방법들이다.

하나, 거울을 보며 표정과 제스처를 점검한다.

내가 말하는 동안 얼굴과 몸은 어떤 메시지를 보내고 있는가?

둘, 녹음해서 말의 흐름과 억양을 들어 본다.

말의 속도, 어미 처리 등을 객관적으로 확인할 수 있다.

셋, 영상으로 촬영해 나의 자세와 시선을 점검하라.

내가 의도한 '자신감'이 정말 자신감으로 보이는지, 거들먹거리는 것처럼 보이지는 않는지 확인하라.

넷, 친구나 동료 앞에서 발표해 보고 '가장 기억에 남는 한 문장'을 물어본다.

그들이 기억하는 문장이 내가 강조하고 싶었던 메시지와 같은지 점검해 봐야 한다.

다섯, 예상 질문을 난이도별로 정리하고 답변을 연습한다.

발표는 단순한 말하기가 아니라 질문에 준비된 사람만이 설

수 있는 무대다.

강의 현장에서 나와 같은 사람들을 자주 만난다. 내 이야기를 들은 그들은 이렇게 말한다.

"저도 사람들 앞에서 말을 정말 못했어요. 그런데 지금은 마이크를 잡고 있네요."

일상에서 대화를 잘하는 리더라도 무대 위 발표는 완전히 다른 게임이다. 이 둘의 차이를 이해하는 순간 경쟁력은 한층 더 강화된다. 발표력을 키운다는 것은 단순히 말을 잘하는 것이 아니라 자신의 생각을 설득력 있게 전달하고 타인의 마음을 움직이는 영향력을 갖추는 것이다. 발표를 잘하면 중요한 회의에 불려 가고, 핵심 프로젝트를 맡고, 조직 안에서 주목받는다. 발표력은 '보이지 않던 기회의 문'을 여는 힘이다.

체크 포인트
발표력은 성공의 강력한 무기다. 이 무기를 갖추는 순간 일의 흐름도, 인생의 속도도 달라지기 시작한다.

/ 37 \

말재주가 아니라
나만의 이야기로 승부하라

스토리텔링 법칙

"박사님을 스토리텔러로 소개해도 될까요?"

이 질문은 심리 전문가인 브레네 브라운이 들었던 말이다. 그녀는 TED 강연 '취약성의 힘'으로 전 세계의 주목을 받았다. 이 강의를 시작할 때 그녀가 들려준 일화는 의미심장하다. 한 강연에서 주최 측은 그녀를 '학자' 대신 '스토리텔러'로 소개하자고 했다. 학자라고 소개하면 지루해서 아무도 안 올까 봐 걱정되기 때문이었다. 브라운은 고민 끝에 '학자 겸 스토리텔러'로 소개해 달라고 제안했다.

이 짧은 일화가 시사하는 바는 단순히 호칭의 문제가 아니다. 이제는 학문적 성과보다 '이야기하는 힘'이 더 큰 가치를 인정받는 시대다. 브라운이 전한 메시지가 전 세계에 울림을 준 것도 바로 그 힘 때문이다.

브라운의 강연은 단순한 연구 발표가 아니었다. 취약성과 용기에 관한 자신의 경험과 발견을 풀어낸 진솔한 이야기였고, 강연 영상은 5,700만 회 이상 조회되며 '전 세계에서 가장 많이 본 TED 강연 TOP 5'에 올랐다.

우리는 왜 이야기에
더 끌릴 수밖에 없을까?

고백하자면 나 역시 어떻게 하면 더 나은 스토리텔러가 될 수 있는지를 지금도 끊임없이 고민한다. 이야기가 필요한 순간은 생각보다 많다. 지루한 내용을 전할 때, 변화를 이끌고 싶을 때, 신뢰를 쌓거나 갈등을 풀고 싶을 때 이야기는 그 모든 순간에 강력하게 작동한다.

나는 대부분의 강의를 내 이야기로 시작한다. 내가 어떤 실패를 겪었는지, 왜 대화의 힘에 매료됐는지 솔직하게 이야기한다. 일대일 코칭을 시작할 때도 먼저 상대의 이야기를 듣는다. 이런 이야기가 없는 만남을 상상해 보라. 유익할 수는 있지만 재미는 없을 것이다. 마치 소금 빠진 소금 빵처럼 밍밍할 뿐이다.

역사학자 유발 하라리는 이렇게 말했다.

"인간은 이야기하는 동물이며, 인간 사회는 이야기 없이 작동될 수 없다."

우리가 역사서보다 역사 소설을 잘 기억하고, 건조한 다큐보다 극영화를 선호하는 이유는 게으르거나 감성적이어서가 아니라 우리 뇌가 본능적으로 이야기를 갈망하기 때문이다.

신경 과학자들에 따르면 인간의 뇌는 이야기를 들을 때 마치 자신이 경험하는 것처럼 반응한다. 그래서 우리는 허구의 인물에게 분노하고, 스크린 속 주인공의 슬픔에 함께 눈물을 흘린다. 이것이 애플, 나이키, 에어비앤비 같은 세계적 기업들이 제품 사양보다 이야기에 더 많은 자원을 투자하는 이유다.

그렇다면 어떻게 강력한 이야기를 만들 수 있을까? 수많은 메시지로 경쟁하는 시대에 사람들의 마음을 사로잡는 이야기에는 특별한 설계가 필요하다.

마음을 사로잡는
이야기 설계 7단계 원칙

다음은 경험과 연구를 거쳐 정리한 '스토리 설계 7단계'다.

1. 처음부터 기대감을 만들어라.

말하기의 승부는 첫 10초에 결정된다. 궁금증을 자극하라.

2. 하나의 감정을 중심에 둬라.

감정 없는 이야기는 영혼 없는 몸과 같다. 진짜 감정을 드러낼 때 사람들은 마음을 연다.

3. 인물에게 분명한 목적을 부여하라.

인물에게 명확한 목표가 있을 때 이야기에 방향이 생긴다.

4. 믿음이 흔들린 순간을 이야기하라.

변화가 일어난 순간 이야기는 힘을 얻는다.

5. 장면을 구체적으로 묘사하라.

보이고, 들리고, 느껴지는 장면이 기억에 남는다.

6. 갈등을 피하지 마라.

대립과 충돌은 이야기를 더욱 생생하게 만든다.

7. '그래서'로 이어지는 인과 구조를 설계하라.

좋은 이야기는 '그래서'로 자연스럽게 흐른다.

당신이 승진 면접을 보는 상황이라고 생각해 보자. 이야기 설계 단계에 따르면 이렇게 말할 수 있을 것이다.

"A 프로젝트 막바지에 팀 간 갈등이 터졌어요. 프로젝트가 중단될 위기였죠."

"처음에는 막막했습니다. 몇 달간의 노력이 물거품이 될 수도 있었으니까요."

"제 목표는 단 하나였습니다. 일주일 안에 양쪽 입장을 조율하는 것이었습니다."

"저는 무엇이든 논리로 설득하면 해결된다고 믿어 왔지만 그때는 달랐어요."

"팀원들은 지쳤고, 쉽게 예민해졌죠."

"디자인팀은 완성도를 위해 한 달이 더 필요했고, 마케팅팀은 출시 일정을 절대 미룰 수 없다고 했어요."

"그래서 접근 방식을 바꿨습니다. 각 팀과 따로 만나 입장을 듣고, 공통 목표를 재정의했죠. 결과적으로 일정은 2주만 조정하고, 핵심 기능은 그대로 구현했습니다. 프로젝트는 성공 사례로 소개됐고, 제 리더십에 있어 전환점이 됐습니다."

이 예시는 단순한 설명이 아닌 행동과 변화를 담고 있다. 스토리 설계 7단계를 따라 말하면 같은 경험도 훨씬 설득력 있고 기억에 남는다. 필요에 따라 일부 단계를 생략하거나 순서를 조정해도 무방하다.

스토리텔러가 되고 싶다면 일상의 경험을 흘려보내지 말자. 고객과 나눈 대화, 실패의 순간, 작지만 뿌듯했던 성취들 이 모든 것이 언젠가 누군가의 마음을 움직일 재료가 된다. 스토리텔링은 말솜씨가 아니라 감정의 흔적을 포착하는 능력이다. 회의든 발표든, 개인적인 만남이든 '나의 이야기'를 한 줌 더하는 순간 대화는 살아난다.

💬 **체크 포인트**
스토리는 메시지를 생명을 불어넣고, 대화의 주도권을 쥐게 만든다. 노트를 펼쳐라. 오늘이 당신의 이야기의 첫 번째 장이 쓰일 날이다.

38

누군가 반대를 말하면 기쁜 마음으로 상대하라

반론의 법칙

직장에 다닐 때 나는 늘 궁금했다.

'왜 대부분의 상사들은 보고만 하면 반대부터 하는 걸까?'

아이디어를 제대로 듣기도 전에 이런 말부터 꺼내는 사람들이 있다.

"이건 왜 이렇게 했지?"
"그건 안 될 것 같은데?"

당시 나는 그들을 심통쟁이, 부정적인 사고방식을 가진 사람으로 여겼다. 하지만 사업을 시작하고 나서 생각이 완전히 바뀌었다. 그들의 반대 덕분에 리스크를 미리 점검하고, 더 정교한 계획을 세울 수 있었음을 인정하게 됐다. 그들은 내 의견을 꺾으려던 것이 아니라 더 나은 결과를 만들 수 있도록 도와준 것이었다. 이제는 나도 그들과 같이 반대 의견을 기꺼이 내는 사람이 됐다.

"그건 안 될 겁니다."
"저는 그렇게 생각하지 않아요."

이런 말을 들으면 가슴이 철렁하고, 머릿속이 하얘진다. 무의식적으로 방어 모드에 들어간다. 괜히 움츠러들고, 말문이 막히면서 '내가 틀린 걸까?' 하는 불안에 휩싸인다.

우리가 본능적으로
반대를 불편해하는 이유

우리는 본능적으로 반대를 불편해한다. 심리학자 다니엘 카너먼의 '손실 회피 이론'에 따르면 인간은 같은 크기의 이득보다 손실을 2.5배 더 강하게 느낀다. 10번의 칭찬보다 1번의 비판이 더 오래 남는 것도 이 때문이다.

누군가 내 의견에 반대하는 순간 뇌는 작은 경고음을 울리며 '위협 상황'으로 받아들인다. 마치 단체 채팅방에서 내 메시지만 무시당하는 것처럼 소외감과 불편함이 밀려온다. 그래서 회의 중의 작은 반대 의견에도 심장이 빠르게 뛰고, 얼굴이 화끈거리는 것이다. 게다가 우리는 학교에서 '틀리면 안 된다'는 교육을 받으며 자랐다. 그래서 반대 의견을 들으면 그것을 단순한 관점의 차이로 받아들이기보다 '내가 틀렸다'는 평가로 받아들인다.

하지만 모두가 반대를 불편해하는 것은 아니다. 어떤 사람들은 반대를 불쾌한 충돌이 아니라 더 나은 선택지를 찾는 기회로 본다.

아마존 창립자 제프 베조스는 "반대하라, 그리고 따르라"를 리더십의 핵심 원칙으로 삼았다. 결정 전에는 충분히 반대하고, 결정 후에는 함께 밀고 나가야 한다는 의미다. 그는 오히려 반대 없는 회의를 경계하라고 했다.

반대 의견을 다루는
4가지 실전 전략

• 감정을 다스리고 대화를 주도하라.

반대 의견을 들으면 뇌의 편도체가 먼저 반응해 방어 본능이 작동한다. 반면 이성적 판단을 담당하는 전전두피질은 오히려 활동이 감소한다. 이때 이 흐름을 역전해야 한다.

잠시 숨을 고르고, 자신과 상대의 감정을 관찰하자. 편도체를 진정시키고, 전전두피질을 활성화시켜야 이성적 대화가 가능하다. 상대의 눈을 바라보며 천천히 질문을 던지는 방식으로 대화의 주도권을 되찾자.

• 질문으로 대화를 이어 가라.

방어보다는 질문이 더 강하다. 반대를 틀렸다고 보기보다 새로운 시각을 열어 주는 기회로 바라보며 대화하자.

"충분히 검토한 내용이에요."
→ "어떻게 보완하면 실행할 수 있을까요?
→ "이 아이디어에서 제가 놓친 부분이 있을까요?"

- '하지만' 대신 '그리고'를 써라.

'그런데', '하지만' 대신 '그리고', '그렇다면'이라는 단어를 사용하자. '그리고'는 양쪽의 관점을 동시에 살리는 연결어이고 '그렇다면'은 동의한 뒤 새로운 방향을 제안할 때 유용하다.

"맞아요. 비용이 들어요. 하지만 투자한 만큼 더 큰 효과를 기대할 수 있잖아요."
→ "맞아요. 비용이 드는 것은 사실이에요. 그렇다면 그만큼 어떤 결과를 기대할 수 있을지 이야기해 보면 좋겠어요."

- 공통 목표를 상기시켜라.

의견 충돌이 일어날 때 근본적으로 함께 추구하는 목표를 중심에 다시 세우자. "우리 모두 원하는 것은…"이라는 말로 시작하면 대화의 프레임이 바뀐다. '내 의견 vs. 네 의견'에서 '우리 vs. 문제'로 전환된다.

"새로운 시장을 개척하지 않으면 경쟁에서 뒤처질 거예요. 지금은 과감한 변화가 필요합니다."
→ "우리는 올해 목표 달성을 원하잖아요. 기존 고객을 지키면서도 새 시장을 개척할 수 있는 균형점을 함께 찾아볼까

요? 모두 살릴 수 있는 방법이 분명 있을 거예요."

    반대를 받아들이는 것도 중요하지만, 반대 의견을 말하는 것은 더 중요하다. 상대를 부정하는 것이 아니라 존중의 태도로 다른 관점을 제시하는 것이어야 한다. 가장 투명한 결정체는 큰 압력을 견디며 만들어진다. 설득력 있는 아이디어도 반대와 충돌을 거치며 더 단단해진다.

    반대는 나를 몰아세우는 것이 아니라 새로운 방향으로 나아가게 하는 출발점이다. 닫힌 문처럼 보이지만, 사실은 더 넓은 길로 이어지는 입구일 수 있다.

    누군가 "그건 안 될 것 같아요"라고 말하면 이렇게 생각하자.

    '완벽해. 이제 진짜 대화를 시작해 볼까?'

💬 체크 포인트

반대 의견을 다루는 방식이 곧 자신의 설득력을 결정한다. 감정적으로 반응하지 말고, 상대의 관점을 인정하고, 질문을 던지며 부드럽게 논의를 발전시키고, 공통점을 찾아 합의점을 만들어라.

39

고집은 일방통행이고
설득은 양방 통행이다

우리의 법칙

재미있는 밸런스 게임을 해 보자. 누구와 더 대화하기 싫은지 솔직하게 선택해 보자.

- 자기 이야기만 하는 사람 vs. 항상 부정적인 사람.
- 고집이 너무 센 사람 vs. 대화 중 말을 툭툭 끊는 사람.
- 말을 돌려서 하는 사람 vs. 말끝마다 "하지만"을 다는 사람.
- 대화 중 휴대폰만 보는 사람 vs. 말할 때마다 훈계하려는 사람.
- 감정 기복이 너무 심한 사람 vs. 감정 표현이 아예 없는 사람.

마지막까지 남은 사람은 누구인가? 사람마다 다르겠지만,

나는 늘 '항상 부정적인 사람'과 '고집이 너무 센 사람' 사이에서 쉽게 고르지 못했다. 둘 다 정말 피하고 싶은 유형이기 때문이다.

그런데 문득 이런 생각이 들었다. 누군가에게 대화하기 싫은 사람이 나일 수도 있지 않을까? 특히 '고집이 너무 센 사람'이 떠오르면 마음 한켠이 슬쩍 찔린다. 혹시 내 말이 옳다고 밀어붙였던 순간이 떠오르는가? 그렇다면 괜찮다. 자신의 대화를 돌아볼 줄 아는 사람이라는 뜻이니까.

내가 고집스러운 사람이 되지 않기 위해 그리고 고집스러운 사람과도 잘 대화하기 위해 우리는 어떤 태도를 가져야 할까?

나는 고집이 센 사람일까?

고집은 독백이다. 상대를 바라보는 것 같지만, 사실은 나만을 향해 말하고 있다. "내가 맞아"라는 고집스러운 말 속에는 종종 들리지 않는 또 다른 문장이 숨어 있다.

"그러니까 너는 틀렸어."

반면에 설득은 대화다. "내가 옳아"가 아니라 "우리가 더 나아지려면"을 말한다. 설득은 상대를 향한 초대장이다. '같이 고민해 보자', '함께 결정해 보자'는 연결의 언어다.

그렇다면 나는 설득하는 사람일까? 아니면 고집을 부리는 사람일까? 먼저 나의 대화 습관부터 돌아보자. 다음 체크 리스트는 내가 '고집의 대화'에 머물러 있지 않았는지 돌아볼 수 있는 질문들이다.

1. 상대가 말할 때 내 생각을 정리하느라 상대의 표정을 잘 못 본다.
2. 상대가 조금 불편해 보여도 꼭 해야 할 말은 당장 한다.
3. 상대의 침묵이나 무반응을 '이해 부족'이나 '무성의'로 받아들인다.
4. "이건 무조건 이래야 해"라고 말하는 버릇이 있다.
5. 내 말이 옳다고 느낄수록 상대 의견은 더 필요 없다고 느낀다.
6. 의견이 다르면 "그건 아니지" 같은 반응이 먼저 튀어나온다.
7. 같은 말을 반복하며 '상대가 이해 못 해서 그렇다'고 생각한다.
8. "하지만", "그건 그렇지만" 같은 말로 대화를 자주 끊는다.
9. 내 주장에 반대하면 기분이 상하고, 감정이 올라온다.
10. 감정이 격해지면 더 말이 많아진다.

8개 이상의 문항에 '예'라고 답했다면 대화에서 당신 안에 숨겨진 '고집 센 사람'이 자주 등장한다는 뜻이다. 말을 멈추고, 듣는 연습이 필요하다.

4~7개 문항에 '예'라고 답했다면 상황에 따라 고집과 유연함을 오가는 사람이다. 대화 전 '목적'을 점검해 보자.

3개 이하의 문항에 '예'라고 답했다면 고집의 덫에 빠질 가능성은 낮은 사람이다. 하지만 방심은 금물이니 감정의 흐름을 꾸준히 살펴보자.

어느 구간에 해당되든 중요한 것은 고집은 평소에는 잘 드러나지 않을 수도 있다는 점이다. 대부분은 특정한 상황이나 특정한 사람 앞에서만 고집스러워진다. 엄마가 자녀에게, 남편이 아내에게, 팀장이 팀원에게 가까운 관계일수록 '내가 옳다'는 확신이 강해지고, 고집도 더 드러난다.

내 안의 고집을 내려놓는
황금 전략 5가지

고집은 누구에게나 나타날 수 있다. 특히 감정이 섞이거나 익숙한 사람 앞에서 쉽게 튀어나온다. 그럴 때 입에서 먼저 나가려는 말을 바꾸는 것만으로도 대화는 달라진다.

다음은 '고집'을 '설득'으로 전환하는 실전 전략 5가지다.

- **스스로에게 말해야 할 이유를 물어라.**

말은 이유를 담을 때 설득력이 생긴다. 순간의 감정, 자존심을 지키기 위한 말이라면 전달이 아니라 '쏟아 냄'이 된다. 말하기 전에 "왜 이 말을 하고 싶을까?"를 고민하라.

- **"그럴 수도 있겠다"를 먼저 말하라.**

상대 말이 전부 납득되지 않더라도 공감할 만한 부분은 분명 있다. "그건 아닌데요"보다 "그럴 수도 있겠네요. 제 입장에서는 이렇습니다" 같은 말이 바로 설득의 문을 여는 표현이다.

- **내가 먼저 질문을 꺼내라.**

고집은 결론을 밀어붙이고, 설득은 방향을 함께 찾는다. 의견을 주장하는 대신 질문을 던지는 순간 대화가 시작된다. "그럼 어떻게 하면 좋을까요?"라는 질문을 해 보자.

- **내 말이 가져 올 여파를 생각하라.**

내 말이 지금 이 순간 이 관계에서 어떤 의미인지 한 번 걸러보는 습관이 필요하다. 내가 옳다 해도 상대가 받아들일 준비가 돼 있어야 설득이 된다. "지금 이 말이 도움이 될까?"를 속으로 중얼거려 보자.

- **설득보다 관계를 우선순위에 둔다.**

모든 설득은 한 번에 되지 않는다. 상대가 받아들이기 위한 시간과 공간이 필요하다. 지금은 한 발 물러서더라도 다음에 더 멀리 함께 갈 수 있다.

이 5가지가 내 안의 고집을 잠시 내려놓는 연습이다. 말을 하기 전에 단 하나라도 떠올릴 수 있다면 당신은 더 이상 고집스러운 사람이 아니다.

누군가 고집을 부릴 때는 그 말 뒤에 숨은 불안이나 욕구를 먼저 읽자. 바로 반박하기보다 "왜 그렇게 생각해?"라는 질문으로 문을 열자. 고집으로는 찰나의 대화를 이길 수 있을지 몰라도 진심으로 대화를 이어 가려는 태도가 아니다.

💬 **체크 포인트**

고집은 이기려 하고, 설득은 같이 가려 한다. 고집은 답을 고정하고, 설득은 여지를 남긴다. 고집은 말을 멈추게 하고, 설득은 대화를 이어 간다.

내가 틀릴 수 있다는 생각이 더 나은 대화를 만든다

유연함의 법칙

종이 한 장을 손에 들고 구겨 보자. 그리고 다시 펴 보자. 아무리 곧게 펼쳐 봐도 처음의 종이처럼 매끈하게 돌아오지는 않는다. 우리의 사고방식도 그렇다. 한번 굳어 버린 생각은 다시 유연하게 되돌리기 어렵다. 고정된 판단과 단정적인 태도, 반복되는 확신 등 그 모든 것이 우리 안에 작은 주름을 남긴다.

그렇다면 처음부터 생각의 종이를 너무 세게 구기지 않는 법 즉, 사고를 고정하지 않고 유연하게 유지하는 방법은 무엇일까?

유연한 사람은
정답보다 접점을 찾는 사람이다

우리는 종종 단단한 사람이 강하다고 믿는다. 자기주장이 강하고 밀어붙이는 사람에게 리더십이 있다고 착각할 때도 많다. 하지만 진짜 강함은 부드러움에서 더 자주 드러난다.

2023년 〈하버드 비즈니스 리뷰〉에 따르면 현대 리더의 핵심 역량 중 하나가 '변화에 대응하는 유연성'이다. 이때 유연성은 리더가 다양한 의견을 수용하고 적응할 수 있는 능력을 말한다. 또한 〈딜로이트 한국의 2025년 보고서〉에서 기업 리더의 85%는 '시장 변화에 적응하는 민첩한 일의 방식'을 중요하게 여기는 것으로 나타났다. 흥미로운 점은 유연함은 타고난 기질이 아니라 '기를 수 있는 기술'이라는 것이다. 유연함은 선택할 수 있는 능력이다.

흔히 '지능이란 변화에 적응하는 능력'이라고 말한다. 이 표현만큼 이 시대에 필요한 역량을 명확하게 보여 주는 말도 드물다.

유연함은 단지 부드러운 태도가 아니다. 지능이 작동하는 방식이며 성장하는 사람의 특징이다. 유연함은 특히 대화에서 빛을 발한다. "내가 맞다", "이게 정답이다"라는 고집은 상대의 입장을 밀어내고, 문제 해결의 문을 닫는다. 반면 유연한 대화는 마음을 열고, 새로운 가능성을 열어 준다.

직장 생활을 할 때는 늘 내 말이 정답이어야 한다고 생각했다. 그래서 내 의견이 받아들여지지 않으면 날을 세웠다. 사업 초기에도 마찬가지였다. 정말 열심히 일했고 결과물도 좋았지만, 이상하게도 한 번 의뢰한 고객은 다시 돌아오지 않았다.
어느 날 문득 깨달았다. 문제는 실력이나 결과물이 아니라 '태도'였다. 나는 내가 옳다는 것을 증명하려 했고, 그게 전문성이라고 착각했다. 그 이후 나는 대화 방식을 바꿨다. 미팅 자리에서 가장 많이 한 말은 이것이었다.

"그렇게 생각하실 수 있겠네요. 그럼 그걸 바탕으로 더 발전시켜 볼까요?"

변화는 곧바로 나타났다. 우리가 기획한 행사마다 긍정적인 반응이 이어졌고, 실력 있는 기획사라는 평판이 생겼다. 소개와 재의뢰도 자연스럽게 따라왔다.
이 경험은 내게 유연함은 단순한 양보가 아니라 관계를 살리고 신뢰를 쌓는 대화의 기술이라는 것을 알려 줬다.

지금은 서로 다른 관점이 충돌하는 시대다. 정답을 내세우는 사람보다 접점을 찾는 사람이 신뢰를 얻는다. 상대를 이해하면서도 내 방향성을 지키는 태도, 그 유연함을 어떻게 기를 수 있을까?

대화의 유연함을 키우는 3가지 방법

우리는 3가지 영역에서 유연함의 근육을 훈련할 수 있다.

• 생각의 유연함: 인지의 확장.

일상의 루틴을 의도적으로 바꿔 보자. 익숙한 경로 대신 새로운 길을 걸어 보고, 낯선 선택을 시도해 보는 것만으로도 뇌는 더 많은 가능성에 열릴 준비를 한다. 자주 질문하자.

'이게 정말 최선일까?'
'다르게 해 보면 어떨까?'

- **감정의 유연함: 마음의 관찰.**

감정이 고조되면 사고는 경직된다. 명상, 마음 챙김, 감정 언어화는 감정을 조절하고 여유를 확보하는 강력한 감정 훈련이다. 스스로에게 물어보자.

'지금 내 감정은 어떤 신호일까?'
'이 감정이 내 판단을 왜곡하고 있지는 않을까?'

- **전략의 유연함: 실행의 민첩성.**

계획이 틀어졌을 때 빠르게 전환할 수 있는 사람만이 살아남는다. 변화를 위기가 아닌 실험의 기회로 받아들이는 것, 그것이 전략적 유연함이다. 스스로 점검해 보자.

'지금은 시도할 수 있는 최선의 타이밍일까?'
'조금이라도 바꿔 보며 반응을 확인해 보자.'

이런 훈련이 실제 대화 속에서 드러날 때 유연함은 사람과 사람 사이에서 진짜 '힘'이 된다.

"제 생각은 이런데, 혹시 다른 아이디어 있으세요?"

"그럼 우리 어떻게 하면 좋을까요?"
"아, 그런 입장에서 보시는군요. 저는 미처 생각 못 했네요."
"진행하면서 조정해 나가는 게 어떨까요?"

강풍이 불 때 참나무는 단단함 때문에 꺾이고, 대나무는 유연함 덕분에 다시 일어난다. 꺾이지 않으려면 휠 수 있는 용기가 필요하다. 한때 나도 참나무처럼 살았다. 내 신념은 나를 지키는 갑옷 같았지만, 휘지 않으려 애쓰는 동안 나는 수없이 부러졌고 자주 혼자였다. 그런데도 유연함을 선택하지 못했던 이유는 약해 보일까 봐 두려웠기 때문이다.

유연함의 본질을 가장 정확히 보여 주는 한 문장이 있다.

"내가 틀릴 수도 있습니다."

이 한마디가 얼마나 어려운지 안다. 특히 전문가일수록, 경력이 쌓일수록 더 그렇다. 하지만 이 말을 할 수 있는 사람이 진짜 강한 사람이다.

유연함은 약함이 아니라 살아남는 방식이다. 살아남은 사람만이 다시 앞으로 걸어갈 수 있다. 성공을 이루려면 먼저 버티고 견디는 힘이 있어야 한다. 주변에 함께 나눌 사람이 있어야 하고, 아침에 다시 일어설 이유가 있어야 한다. 그 모든 것을 지켜 내는 힘 그게 바로 유연함의 미학이다.

> **체크 포인트**
> 상황, 상대, 장소에 맞춰 유연하게 대화할 수 있는 사람만이 성공을 거머쥘 수 있다.

일, 관계, 인생에 자신감이 생기는 말하기 기술 40가지
대화의 법칙

© 신경원 2025

1판 1쇄 2025년 7월 3일
1판 3쇄 2025년 11월 25일

지은이 신경원
펴낸이 유경민 노종한
기획마케팅 1팀 우현권 이상운 **2팀** 최예은 전예원 김민선
디자인 남다희 허정수
기획관리 차은영
펴낸곳 유노북스
등록번호 제2015-000010호
주소 서울시 마포구 동교로17안길 51, 유노빌딩 3~5층
전화 02-323-7763 **팩스** 02-323-7764 **이메일** info@uknowbooks.com

ISBN 979-11-7183-115-9 (03190)

- — 책값은 책 뒤표지에 있습니다.
- — 잘못된 책은 구입한 곳에서 환불 또는 교환하실 수 있습니다.
- — 유노북스, 유노라이프, 유노책주, 향기책방은 유노콘텐츠그룹의 출판 브랜드입니다.